왜 나왔겠노?

대구 탄핵찬성집회 참여시민 인터뷰집

상쾌한 까칠이

속 터진 만두

무표정한 까치

괘활한 책쟁이

참지 않는 땡콩이

와구 집사 & 뱀어롱 피딸바닥

도비 & **진갈치** & 복숭아 탐정

쓰지 않는 꽃병

아울러사회적협동조합

2024년 12월 3일 화요일, 22시 23분-29분 경
윤석열 (전)대통령, 비상계엄령 선포.

2025년 4월 4일 금요일, 11시 22분

윤석열 (전)대통령, 파면.

머리말

계엄령 선포 이후 두 번째 주말, 대구에는 무려 4만 명이 넘는 시민이 모였습니다. 늘 스쳐 지나던 공평네거리에서 한일극장까지 약 500미터에 달하는 6차선 도로가 대구 시민들로 가득 찬 장면은 정말 놀라운 광경이었습니다.

'대구에서 이렇게 많은 시민이 모인 적이 있었나?'
'대구에서도 이렇게까지 모일 수 있구나.'

반신반의하던 마음은 '우리 지역도 불의 앞에서는 당당히 목소리를 낼 수 있다.'는 자부심으로 바뀌었습니다.

짬을 내 평일과 주말을 오가며 대구 광장에서 탄핵을 외치던 중, 타지역 지인들과 소식을 주고받게 되었습니다.

"오늘 뭐 했어?"
"나? 오늘 대구 집회 나갔지."
"응? 대구 탄핵 반대 집회?"

"아니, 찬성 집회!"

"대구에도 찬성 집회가 있어?"

"오늘도 평일인데 천 명은 모였어."

"진짜? 그렇게 많이 와?"

타지역 사람들에게 비춰진 대구의 모습은 늘 **보수의 땅** 혹은 **우편향 지역**이었습니다. 언론이 대구 민심을 전할 때면 어김없이 서문시장 사람들이 등장하고, 그들이 마치 대구 전체의 의견을 대표하는 듯 보도되곤 했습니다.

하지만 대구에도 다양한 목소리가 존재하며, 그 목소리들이 지금 이 광장에서 더 큰 울림이 되고 있습니다. 청소년과 청년들의 참여, 응원봉, 깃발, K팝 음악과 같은 새로운 집회 문화가 등장했고, 대구 또한 대구만의 색깔과 표현 방식으로 진화해 가고 있었습니다. 시민들은 삼삼오오 모여 각자 준비한 간식과 팸플릿을 나누었고, 욕설과 경적 등 불편한 반응이 많았던 상황에서도 오히려 웃으며 환호하고 받아들이는 시민들의 태도는 깊은 인상을 남겼습니다. '이런 멋진 장면들을 꼭 기록하고, 널리 알리고 싶다.'는 생각이 들었습니다.

그동안 인터뷰를 업으로 다양한 시민을 인터뷰하며 늘 "왜?"라는 질문을 던져왔습니다. 이번에는 대구의 광장에서 만난 시민들에게 묻기로 했습니다.

"왜 나오셨어요?"

"어떻게 이 자리까지 오시게 되었나요?"

광장에서 느낀 감정과 경험을 넘어, 그들이 그곳에 서기까지 어떤 삶을 살아왔는지, 어떤 계기와 고민을 지나 여기까지 오게 되었는지를 조금 더 깊이 들여다보는 시간이었습니다.

대구 탄핵찬성집회에 참여한 11명의 시민과 나눈 인터뷰에는 진심과 고민, 그리고 용기가 담겨 있었습니다.『왜 나왔겠노?』를 통해 더 많은 분들이 알게 되길 바랍니다. 대구에도 다양한 목소리가 존재한다는 것, 이 도시의 시민들도 감동과 연대를 경험하며 광장에서 힘 있게 목소리를 내고 있다는 사실을요.

책을 만들며 일의 차원을 넘어, 멋진 시민들과 인연을 맺게 된 우리는 어쩌면 가장 큰 수혜자일지도 모르겠습니다. 이 책을 읽는 독자 여러분께도, 저희가 느낀 그 이상의 감동이 온전히 전해지길 바랍니다.

아울러사회적협동조합 박성익

* 이 책은 인터뷰이의 신원 보호와 익명 보장을 위해 직접 정한 닉네임을 사용하였습니다.

목차

19   가치롭게 같이놀자

                                             1. 상쾌한 까칠이와의 인터뷰

                                                             #자영업자 #책방사장

41   작은 마음으로 지키는 민주주의

                                             2. 속 터진 만두와의 인터뷰

                                                                   #대구정착 #서평

59   <대귀시민시국대회>, 퍼포먼스, 한일극장 일대, 대구, 2024

                                               3. 무표정한 까치와의 인터뷰

                                                               #현대미술 #TK토박이

79   청소년의 미래는 청소년이 지킨다

                                             4. 쾌활한 책쟁이와의 인터뷰

                                                                #중학생 #교내활동

101   너 내 동료가 돼라

                                            5. 참지 않는 행콩이와의 인터뷰

                                                               #대학생 #인권모임

우리가 아니면 누가 취재해   121
6. 와구 집사와 범어동 피발바닥과의 인터뷰
#기자 #대구경북 독립언론

우리는 하고 싶은게 많거든요   141
7. 도비, 진갈치, 복숭아 탐정과의 인터뷰
#시국선언 #고등학생

화염병에서 응원봉으로   161
8. 쓰지 않는 꽃병과의 인터뷰
#운동권 #1987

후일담   184
- 왜 나왔겠노?
- 나오신 분들을 찾습니다
- 대구의 다양한 심장을 위한 디자인

부록   196
- 대구시민시국대회 아카이브

?

왜 나 왔겠

가치롭게 같이놀자

상쾌한 까칠이

#자영업자 #책방사장

　대구의 한 책방에서는 다양한 책과 놀이를 통해 자신의 감정과 생각을 새롭게 바라보는 인문학놀이치유 프로그램을 운영하고 있다. 상쾌한 까칠이는 이 책방의 주인으로 스스로를 **북 스타일리스트**로 소개한다. 까칠한 자신의 본질을 억누르지 않고 **상쾌하게** 인정하되, 사회 문제나 소외된 이들은 결코 외면하지 않는 그에게 어떻게 거리로 나가게 되었는지를 물었다. 돌아오는 답은 명료했다. "당연하잖아요." 집회 참여를 당연하다고 여기게 되기까지 어떤 일들이 있었을까? 상쾌한 까칠이의 까칠하지만은 않은 이야기를 들어본다.

1
상쾌한 까칠이와의 인터뷰

오죽 답답했으면

계엄령이 터지던 날, 엄마랑 드라마를 보고 있었어요. 갑자기 TV를 보다가 화면이 바뀌어서 깜짝 놀랐죠. 저희 엄마도 평소 정치에 관심이 많은 편이라 자주 함께 이야기해요. 이따금 "언젠가 우리가 또 촛불을 들고 나가야 할지도 몰라."라고 이야기할 때도 있었습니다. 지난 2016년 박근혜 대통령 탄핵 이후, 또 그런 날이 올 수도 있겠다는 생각은 했지만, 그게 진짜가 될 줄은 몰랐죠.

저는 이번 집회가 제 인생의 첫 집회는 아니었어요. 대학생 때부터 사회적 문제에 관심이 있었고 소위 데모 현장에 자주 갔어요. 그때는 뭔지도 모르고 쫓아다녔던 것 같아요. 대학교 때 친구 중 하나가 **한총련**(한국대학총학생회연합)과 관련이 있었어요. 그 친구를 도우면서 여러 집회 현장을 많이 갔습니다. 그 시대만 해도 기성세대 남성의 주도로 시위가 이루어졌어요.

대구백화점˙부터 한일극장˙까지 모인 시민들

* **대구백화점**은 대구의 번화가, **시내** 중심지에 있는 대형 백화점으로 대구 시민들의 **만남의 광장** 역할을 했다. 백화점 앞으로 넓은 공간이 있어 거리 공연 등으로도 활용되는 등 대구 문화와 친교의 중심지 역할을 해왔으나 지난 2021년 폐점됐다.

* **한일극장**은 **대구백화점**과 함께 대구사람들에게는 익숙한 지명으로 중심지 한복판에 있는 오랜 역사의 극장이다. 현재까지 영화관으로 운영되고 있다.

그런데 제가 당시에 충격받았던 일이 있어요. 제가 그때 21살, 22살 때인데 한참 어른인 아저씨들이 우리한테 와서 같이 해달라, 도와달라 부탁하는 거예요. 그게 저에게 너무 크게 각인이 됐어요. '우리는 아무 힘도 없고, 잘 모르는데 오죽 답답하면 대학생인 우리를 붙잡고 이런 이야기를 할까?' 하는 생각이 컸던 것 같아요. 그때를 계기로 '사회적 문제가 남의 일이 아니구나'라는 생각을 하게 됐습니다. 간접적이기는 하지만 대학생 때부터 겪었던 일련의 상황들이 저에게는 자극점이 되어준 것 같아요.

180도 달라진 집회에 참여하며

대학을 졸업하고 각자 삶이 달라지면서 대학 때 어울리던 친구들과는 자연스럽게 멀어졌어요. 그런데 2012년에 박근혜 탄핵 집회가 전국적으로 크게 일어났습니다. 그때 친구랑 **무장의 마음**으로 나왔어요. 각오를 단단히 했죠. 현금이 있어야 물품도 지원하고 집회가 원활히 진행될 테니 주머니마다 현금도 잔뜩 챙겨가고. 가져간 현금은 집회에 가면 바구니를 돌려요. 그러면 돌아가면서 다 돈을 내고. 그런 경험이 있다 보니 이번 탄핵찬성집회 때도 일 마치고 옷을 따뜻하게 무장해서 입은 뒤에 친구랑 그 얘기를 했어요. "야, 돈 챙겨야 해." 과거의 경험이 있으니까요. 이번에도 현금을 바리바리 챙겨서 갔거든요.

그런데 갔더니 웬걸 응원봉이 보이고, 계좌번호가 보여요.

너무 멋진 거예요. 이번엔 분위기가 뭔가 달랐습니다. 놀라웠어요. 한편으로는 소외감도 좀 느꼈어요. 그래서 친구랑 "우리는 아는 아이돌도 없는데 어떡하냐?" 했는데 찾아보니까 다이소에도 응원봉을 팔더라고요. 냉큼 사서 직접 글자도 적고 꾸몄습니다. 준비하는 과정이 너무 신났어요. 또 노래도 얼마나 신나요. 일하면서 맨날 탄핵 노래 불렀어요. 기존 집회는 단체가 주도하는 조금 무거운 분위기가 강했는데, 이번에는 일반 시민이 자유롭게 주체적인 참여를 했잖아요. 너무 멋졌습니다. 깃발도 부럽고. 저는 **조용히 책 읽고 싶은 사람들 모임**으로 깃발을 만들고 싶었어요.

제가 대학생 때 집회에 참여하면 길에서 유인물 나눠주는 역할을 자주 했었는데 당시에는 사람들이 다 욕을 했습니다. 지나갈 수 없도록 길을 막기도 했고요. 그러다 보니 힘들고 지친 순간도 있었는데, 이번 집회에서는 집회에 참여하지 않는 시민들이 집회 현장에 대해 비난하거나 불편해하지 않고 질서 있게 진행되는 모습이 정말 좋았습니다. 그리고 저는 제 핫팩만 붙여서 갔는데, 사람들이 본인 먹을 거를 더 챙겨 와서 전달하고, 핫팩 나눠주고. 이런 장면들이 인상 깊었어요. 사람들 너무 멋지다, 그런 생각을 계속 했습니다.

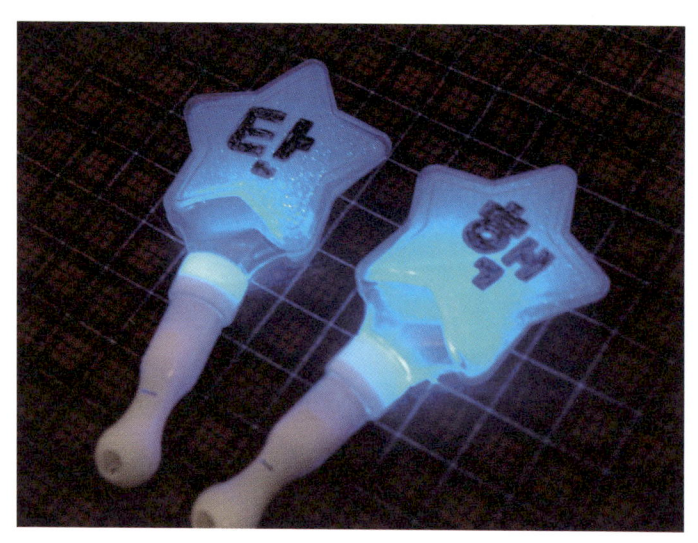

찾아보니까 다이소에도 응원봉을 팔더라고요.

냉큼 사서 직접 글자도 적고 꾸몄습니다.

준비하는 과정이 너무 신났어요.

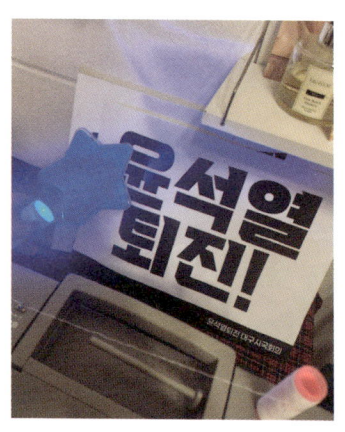

상쾌한 까칠이가

집회 현장에 들고 나간 응원봉

모두가 한마음으로 서로를 지키다

　집회에 갔는데 가족 단위로 되게 많이 왔어요. 아기들이나 어린 초등학생도 있었고요. 사람들이 이미 앉아 있더라도 양보해서 아이들을 먼저 앉히고, 가족 단위는 먼저 더 챙겨주고 하는 모습들이 기억에 남습니다. 서로가 양보하고 배려하고, 약자를 우선으로 하는 순간들이 참 좋았어요. 문화가 눈앞에 보이는 느낌이었다고 할까요. 예전의 집회나 데모는 센 사람들, 정치적으로 힘이 있는 사람들의 전유물이라는 이미지가 있었다면, 이번 집회는 '이거 우리 사회의 문제잖아. 당연하지.' 하는 생각을 기반으로 축제의 분위기나 문화를 형성한 것 같아서 신났어요. 너무 멋지고, 훌륭하고.

　또 우리가 대구에서 모이면 옛 대구백화점 앞에서 시작하잖아요. 그 행렬이 길게 이어지면 좋겠는데 한일극장으로 가는 길목에 큰 트리 조형물이 있어서 행렬을 이을 수가 없었습니다. 중간에 끊겨서 아쉬운 마음이 들었는데 그 반대쪽을 봤더니 세상에, 무대 뒤편에 어떠한 음악도 없고 발언도 들을 수 없는 그 뒷부분 바닥에 사람들이 다 앉아 있는 거예요. 아무것도 들리지 않고, 집회 현장이 보이지 않아도 그냥 그 자리에 앉아 있었어요. 그 길이 거의 옛 중앙파출소 자리까지 이어졌더라고요. 거리로 따지면 250m는 될 텐데! 너무 대단하다는 생각이 들었습니다.

잘게 잘게 쪼갠 당근

제 삶의 가치관은 **나에게도 좋고, 타인에게도 도움이 되는 삶**을 사는 것입니다. 영화 〈레미제라블〉이 개봉했을 때 극장에서 보고 나오면서 많은 눈물을 흘렸습니다. 그 영화에는 우리 세상이 해야 하는 역할이 너무 잘 드러나 있거든요. 제 가치관과 부합하는 인생 영화였어요. 그래서 감동 받은 채로 극장을 나서는데, 제 뒤에 있던 사람들이 재미없다고 엄청나게 욕하면서 가는 거예요. 그때 좀 놀랐습니다. 누군가에게는 이 영화의 메시지가 보이지 않을 수도 있겠구나. 좋은 메시지들을 발견하고, 찾아서 더 많은 사람에게 전달해 주고 싶은 마음이 들었어요. 그래서 저는 항상 책방 프로그램에 사회적 연대나 선함과 같은 제가 지향하는 가치를 담아요. 그런데 당근을 싫어하는 사람에게 당근이 보이게 하면 먹기 싫잖아요. 당근을 잘게 잘게 쪼개고 다져서 보이지 않게 만들어야 당근을 먹는 줄도 모르고 먹게 되잖아요. 그게 제 방식이에요.

'이렇게 살아야 해'라고 강요하는 것이 아니라, 책이나 영화 또는 영상에 은근하게 녹여서 함께 생각할 수 있도록 해요. 사람들이 제 프로그램에 참여하고 당장의 변화를 느끼지 못해도, 저는 알아요. 프로그램이 진행되면서 사람들이 건강해지는 것을요. 제가 당근을 넣었으니까요. 사회적 문제 앞에서 함께 건강해지고, '어떻게 같이 해결할 수 있는가?'를 고민하는 사회가 되었으면 좋겠습니다. 연대가 당연한 사회를 꿈꾸기에 저는 오늘도 열심히 제 프로그램에 당근을 다져 넣습니다. 삶에 대해서 조금 더 생각해 볼 수 있도록, 우리가 사는 세상에 대해서 곰곰이 생각해 볼 수 있도록요.

파지 줍는 할아버지와의 이야기

책방을 운영하기 전에는 종교 책을 다루는 출판 서점에서 일을 했습니다. 책을 많이 다루는 곳이다 보니 종이상자 파지가 굉장히 많이 나옵니다. 파지가 생기면 보통은 그냥 밖에 내잖아요. 제가 있던 곳은 그렇게 하지 않고, 파지를 줍는 어르신들 힘들지 말라고 다 정리해서 한 번에 가져갈 수 있게 했어요. 그것도 여러 사람에게 주면, 어르신끼리 싸움이 나기 때문에 한 사람만 정해서 드렸어요. 그래서 항상 출근하면 박스를 가져가기 쉽게 정리하고, 파지 줍는 할아버지의 간식을 준비하는 게 오전 주요 일과였어요. 서점 안에 할아버지 자리를 마련해 두고 간식도 준비하고, 다른 손님이 거기 앉아 있으면 할아버지 오셔서 쉬었다 가셔야 하니까 다른 데 앉으시라고 안내한 적도 있었습니다.

그렇게 전담 할아버지를 챙겨 드리다 어느 날은 할아버지께서 본인의 이야기를 해 주셨어요. 집에 할머니가 아프셔서 파지를 줍고 다닌다는 거예요. 사실 파지를 주워서 모이는 돈이 얼마나 되겠어요? 그럼에도 할아버지는 할머니를 낫게 하려는 마음으로 이 일을 계속해 오셨던 거예요. 그 말을 듣고 할아버지께 "제가 기도해 드릴게요."라고 말씀 드렸어요. 그 이후로도 몇 년을 그 할아버지를 챙겨 드리다가,

한동안 할아버지가 보이지 않아서 걱정을 한참 했었습니다.

시간이 꽤 지나고 할아버지께서 오랜만에 오셔서 할머니가 돌아가셨었다고 하시더라고요. 그런데 예전에 제가 할아버지께 기도해 드리겠다고 한 말이 큰 힘이 되었다고, 정말 고마웠다고 하시는 거예요. 이게 저에게는 되게 의미 있는 일이었어요. 내가 건넨 말 한마디, 내가 하는 작은 행동이 누군가에게 큰 힘이 되는구나, 하는 생각이 들었어요. 그 후로도 일터에서 계속 파지 할아버지들을 돕고 있습니다.

밤에만 나를 알아보는 할머니와의 인연

직장 생활을 할 때는, 지금 하는 책방 프로그램을 퇴근하고 시내에서 진행했어요. 퇴근하고 프로그램까지 마치고 집에 가면 시간이 밤 열 시, 열한 시예요. 그 시간에 집에 갈 때도 할머니들이 길에서 파지를 줍고 계시는 거예요. 그 모습을 보고 있자니 '아니 왜 저 할머니는 이 시간까지도 파지를 주워야 하지?' 하는 생각에 너무 화가 났습니다. 저는 항상 사람들에게 좋은 것을 전하고자 하는 마음으로 프로그램의 기획과 운영에 임합니다. 그래서 프로그램 중에 좋은 얘기나 이상적인 이야기들을 잔뜩 하고 나와요. 그렇게 나왔는데 바로 마주하는 현실은 할머니들이 하루 종일 밤늦게까지 파지를 줍는 상황이었어요. 그 괴리감이 저에게 크게 다가왔던 것 같아요. 하루는 왜 자꾸 화가 나는지 곰곰이 생각해 봤는데, '이런 부조리한 상황에서 내가 할 수 있는 게 없다'는 느낌을 받았어요.

그래서 고민을 했습니다. 어떻게 해결해야 할지, 내가 할 수 있는 게 무엇인지를요. 그때부터 할머니 간식을 사 드려야겠다 생각했습니다. 퇴근 후 프로그램이 있는 날은 집에 갈 때 항상 빵집에 가서 할머니 간식을 사서 갔어요. 처음에는 할머니께 말을 건네고 빵을 드리는 게 너무 부끄러웠습니다. 그런데 한 번 하고 나니까 마음속에 어떤 해방감이 들더라고요. '아, 이거구나. 그냥 내가 할 수 있는 일을 하면 되겠다.' 그래서 지속할 수 있도록 규칙도 정했습니다. 매일 하는 건 부담돼서 지칠 수 있으니 적어도 내가 프로그램하는 날에는 간식을 사드리는 것이 첫 번째 원칙이었고, 두 번째는 5천 원이라는 금액. 내가 매일 해도 인생에 큰 부담이 없을 금액을 책정했어요. 그 이후로 프로그램이 있는 날마다 할머니께 빵을 사드렸습니다. 겨울에는 추우니까 어묵을 사 드릴 때도 있고요. 그러면 할머니가 되게 좋아하셨어요. 여기서 재밌는 점이 있어요. 제가 아침에 출근할 때부터 할머니가 계십니다. 그런데 제가 출근할 때는 저를 알아보지 못하시다가 저녁에 퇴근하고 간식을 들고 가면 저를 알아보셨어요. 할머니가 저를 알아보지 못하는 건 전혀 서운하지 않았어요. 그건 중요하지 않잖아요.

할머니에게 간식 가져다드리는 걸 거의 5~6년 넘게 했습니다. 명절 때가 되면 회사에서 받은 선물도 드렸어요. 할머니는 달리 받을 데가 없잖아요. 크리스마스엔 케이크 사다 드리고. 그런 것들이 제 나름의 이벤트였어요. 어느 날은 할머니가 얼굴에 화상을 입으셨습니다. "왜 그러세요?" 했더니 밤에 너무 추우니까 박스 안에 부탄가스를 피우셨다는 거예요. 번화가 한복판에서 정말 위험한 일이잖아요. 그런데 할머니가 다른 사람들이 혹시 잘못했다고 당신께 뭐라 할까 봐 걱정이 되셨나 봐요. 사람들한테는 말하지 말라고 하시는 게 너무 마음이 아팠습니다. 어느 날부터는 할머니가 안 계시더라고요. 주변에 계시던 분들이 길에서 쓰러지셨다고 알려주셨어요.

지금도 할머니, 할아버지를 생각하면 울컥하는 느낌이 있어요. 그런 경험이 지금 외면하지 않는 삶을 살게 하는 원동력이 되었던 것 같습니다. 그때 제가 외면하지 않았고, 제가 할 수 있는 일을 했다는 것에 자부심을 느껴요. 제가 추구하는 가치, 공동선의 핵심이 여기에 있었던 것 같아요. 대단한 걸 하는 게 아니고, 외면하지 않는 것만 해도 '나는 무언가를 하고 있다.'라는 느낌을 받는 것. 그게 제가 연대하는 방식이었어요. 엄청난 것을 하지 않아도 내가 느끼는 바에 대해 작은 행동이라도 한다면 그게 연대 아닐까요?

가치롭게 같이놀자

지금은 다니던 직장을 퇴사한 후 책방을 차렸습니다. 책방에서는 청년을 대상으로 프로그램을 진행합니다. 제가 할 수 있는 영역에서 청년들에게 책도 읽히고, 영화도 보여 주면서 스스로 생각할 수 있는 시간을 마련해 주고 있어요. 지금 우리 사회는 건강한 자존감이 없어지고 있다고 생각합니다. 각자의 존재를 더 건강하게 하려면 스스로를 위한 시간을 더 가져야 한다고 생각해요. 내 생각과 감정을 스스럼 없이 나누는 기회를 많이 만들어주고, 내면세계를 돌보고 보듬어 주는 순간들이 많아졌으면 좋겠어요. 그러려면 함께 놀아야 합니다. 우리 시대에 점점 건강한 놀이 문화가 사라져 간다고 느끼는데요. 사람들이랑 사심 없이 무언가를 나누고, 비교 없이 이야기하고. '나를 어떻게 생각할까?'라는 생각에서 벗어나 솔직한 마음을 내보일 수 있는 시간을 보내는 것을 저는 건강한 놀이라고 생각해요. 제 프로그램의 지향이기도 합니다. 같이 하는 일이 가치 있는 건강한 놀이 문화 만들기.

사회적으로 문제가 생겼을 때 '아, 나가서 응원봉을 좀 흔들어 줘야겠는데.' 하는 친구끼리 같이 집회에 나가고, 옆 사람과 같이 노래를 부르고 집회에 참여하는 것이 하나의 건강한 놀이 문화처럼 느껴져서 기껍습니다. 이 문화가 곧 **우리가 함께하는 연대**가 되겠지요. 사회적 문제를 외면하지 않는 것이 당연해지는 사회를 위해서 앞으로도 저만의 방식으로 계속 일하고, 연대해 나갈 겁니다.

고이 간직했던 저의 옛 추억을 오랜만에 떠올릴 수 있어서 너무 좋았어요.
내 나름의 작은 행동들을 지금처럼 아무도 모르게 계속해서 해나가야겠다는 생각이 드네요.

"고이 간직했던 저의 옛 추억을 오랜만에 떠올릴 수 있어서 너무 좋았어요. 내 나름의 작은 행동들을 지금처럼 아무도 모르게 계속해서 해나가야겠다는 생각이 드네요." 인터뷰 소감을 묻자 상쾌한 까칠이가 특유의 상쾌한 미소로 답했다. 거리에서, 책방에서, 그리고 우리의 시선이 닿지 않는 곳에서도 상쾌한 까칠이는 그만의 방식으로 세상을 바꿔 나가고 있었다. 외면하지 않는 삶을 살아가는 것. 상쾌한 까칠이의 작은 날갯짓이 모여, 어느 순간 우리 사회를 더 가치롭게 하는 큰 물결을 몰고 오리라 믿는다. 일상에서 연대를 정성스레 가꾸어 나가는 그를 응원한다.

작은 마음으로 지키는
민주주의

속 터진 만두

#대구정착 #서평

    서울 태생의 속 터진 만두는 2023년도부터 대구에 머물고 있다. 가장 좋아하는 음식은 만두, 여기에 최근의 심정을 담아 속 터진 만두가 되었다. 그가 회사 일로 대구와 서울 집을 오고 가며 지낸 지 벌써 3년 차에 접어든다. 이제는 익숙해진 300km의 이동 경로 사이, 최근 집회 코스가 추가되었다. 친구들과의 약속을 집회로 시작하거나, 가족과 함께 다녀오거나, 시간이 될 때면 혼자서라도 나가는 식이다. 속 터진 만두는 거창한 의식이나 신념이 없기에 오히려 **매번 가벼운 마음**으로 나간다고 말한다. 가벼운 마음이 뭐길래 그를 꾸준히 움직이게 만드는 것일까? 가볍지만 결코 얕지 않을, 그 마음을 들여다보자.

2.

속 터진 만두와의 인터뷰

집회에서 본 새로운 대구

    집회는 계엄령이 터진 그 주부터 꾸준히 나갔던 것 같아요. 처음 집회에 나갔던 이유는 나도 뭐라도 해야겠다는 생각이 들었기 때문이에요. 계엄령이 터진 날, 저는 회식 끝나고 바로 잠들었어요. 당일의 생생한 장면들은 하룻밤 지나고서야 알게 되었죠. 단톡방이 난리가 나 있더라고요. 그날 당일에 관한 기사 사진을 많이 봤어요. 시민분들이 새벽임에도 불구하고 정말 많이 나오셨잖아요. 그걸 보고선 아, 나도 뭐라도 해야겠다는 생각이 들었어요. 항상 정치에 관심을 가져야 한다는 책무감이 있었거든요. 정치적 참여를 해야 한다는 의식이 있어도, 살다 보면 투표만 겨우 하고 올 때가 많아요. 하지만 책무감은 늘 가지고 있어요.

    주말에 대부분 서울에 있다 보니 그동안 서울집회에만 참석해 왔어요. 그러다 당직으로 주말에, 대구에 남아 있던 날 처음

대구집회를 가봤거든요. 그전까지 저에게 대구의 이미지는 흔히 TK라고 묶이는 특정 지역의 이미지가 강했어요. 가부장제의 선봉에 있는 지역, 아직도 남아 있는 유교 문화가 강한 지역. 정치 성향도 보수적이라는 인식이 있었는데, 탄핵찬성집회를 한다기에 의외였죠. 직접 가보니 확실히 대구와 서울집회의 차이가 느껴지더라고요. 요즘 새롭게 등장하는 시위 문화 있잖아요. 케이팝 노래를 튼다거나, 응원봉을 들고나온다거나. 이런 건 서울이 확실히 활발한 것 같아요. 서울에는 응원봉에 둘러싸인 경우가 대부분이었거든요.

대구집회는 재밌는 게 QR로 시위 선곡을 받으시는 거예요. 노래도 80~90년대 시위에 쓰이던 민중가요 곡들이 많이 나오더라고요. 그렇게 받은 선곡 중에 시위에 쓰이는 곡들이 많았다는 건 그만큼 다양한 연령대가 있었다는 거겠죠? 제가 처음에 딱 앉았을 때도 주변에 중장년분들이 많으셨거든요. 행진할 때 보니까 한 무리의 중장년분들이 같이 참여하셨더라고요. 대구집회에서는 다양한 세대와 함께한다는 게 더 직접적으로 느껴졌던 것 같아요. 행진할 때는 "경적 울리거나 욕하는 사람이 있어도 대응하지 마세요."하고 미리 안내를 해주셨어요. 그런 일들이 많이 벌어진다는 것일 텐데, 대구 거리에 나오시는 분들은 다들 큰 용기를 가지고 오시는구나, 하는 생각이 들었죠. 이렇게 대구에서 탄핵찬성집회가 계속 이어진다는 것 자체가 정말 대단하고 의미 있다고 생각해요.

그리고 인상 깊었던 건 시위 나눔인데요. 제가 대구집회에서 처음

나눔을 받아봤어요. 서울에서는 선결제한 가게를 각자 찾아가서 먹는 시스템이었다면 대구에서는 그 자리에서 떡을 돌리시더라고요. 떡도 갓 지어낸 따뜻한 떡이었는데, 추운 날씨에 정말 맛있게 먹었어요. 그때 방석을 준비하지 않고 그냥 갔는데 어떤 분이 박스를 찢어서 깔고 앉으라고 주기도 하셨고요. 끝나고 나서 각자 흩어지는 게 아니라 "수고하셨습니다!", "고생하셨습니다!", "다음 주에 뵐게요!" 인사하고 헤어지는 것도 신기했어요. 대구집회에서는 서로가 서로를 지켜야 한다는 전우애가 강했던 것 같아요. 집회에 모인 사람들 간의 끈끈함, 따뜻함을 직접 느껴볼 수 있었어요

집회에서 본 새로운 대구

중학교 1학년 때 〈화려한 휴가〉라는 영화를 영화관에서 봤는데, 그게 저의 정치 인식, 역사의식에 가장 큰 영향을 줬던 것 같아요. 저런 끔찍한 장면들이 다 사실이었다고? 초등학교에서 배웠던 정치에 대한 교육은 아주 이상적인 내용만을 말했거든요. 그런데 실제로 이상적인 방향이 되기까지, 민주화에 이르기까지 피 흘리며 희생된 사람들을 마주한 거죠. 교과서에서는 국민은 투표를 통해 주권을 행사하고 정당을 통해 자기의 특정 이익이나 의견을 자유롭게 표출할 수 있다, 이렇게만 말하잖아요. 커가면서 실제 정치의 이면을 서서히 알아가게 되고요. 거기서 오는 괴리감? 영화에서 그 사람들이 지키고자 했던 민주주의가 지금 이런 현실의 행태로 가는 게 과연

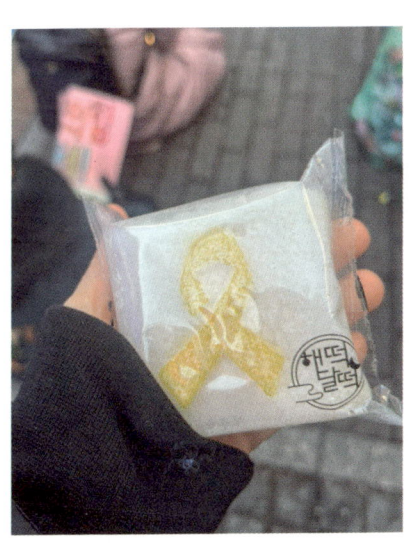

집회 현장에서 나눔받은 떡

따뜻함과

끈끈함을 느낄 수 있었다.

맞는가, 하는 생각이 들었어요. 그래서 저는 투표만은 꼭 해야 한다는 의식이 있어요. 정치적 사건이 터졌을 때도 좀 더 주의 깊게 보는 것 같아요.

이런 생각을 하기까지 특별한 경험이 있었던 건 아니에요. 저는 영화나 책으로 사회 문제를 접한 경우가 많았어요. 화려한 휴가도 그렇고, 고등학교 때 최애 영화가 〈레미제라블〉이었어요. 자기의 목숨을 우선하지 않고, 혁명을 위해 몸을 바치잖아요. 그 사람들의 희생을 통해서 군중들의 불꽃이 더해지는, 그런 모습들이 감동적이었어요. 최근에도 외모 지상주의와 늙음에 대한 사회적 인식을 비판하는 영화 〈서브스턴스〉, 홀로코스트를 주제로 한 〈존 오브 인터레스트〉를 봤어요. 제가 사회적 문제를 다루는 영화들을 좋아하는 것 같아요. 언제부터 이런 취향이 되었는지는 모르겠지만. 그걸 보고 사회적 문제에 공감하고 분노하기도 하죠.

어렸을 때부터 책을 좋아했기 때문에 간접경험으로 타인의 상황을 이해하는 게 낯설지 않았던 것 같아요. 최근에 읽었던 책 중에는 한강 작가님의 『소년이 온다』가 머릿속에 강하게 남아 있어요. 책은 옛날에 샀었는데, 심적으로 힘들 것 같아서 조금 미뤄뒀거든요. 이번에 책을 읽고 나니 미뤄서는 안 됐던 책이란 게 느껴지더라고요. 과연 나였다면 생존을 우선순위에 두지 않고 총 앞에 서 있을 수 있었을까? 라는 생각에 짧은 서평을 쓰기도 했어요.

[경복궁역의 거리에는 이런저런 깃발들이 있었지만, 나는 **나**라는 개인을 벗어난 어떤 거대 담론을 위해서 그곳에 가지는 않았다. 다만 강남역 화장실에서 살해당한 이가 나일 수 있었고, 부둣가 컨테이너 사이에 끼여 죽은 이가 나일 수 있다는 생각의 연장선에 서 있었다. N번방과 딥페이크 범죄의 피해자가 나였을 수 있으며, 어떤 나는 성별이 다르다는 이유로 부당한 대우를 받았을지도 모른다. 제주의 해안가에서 파도에 씻겨나간 피가 내 것일 수도 있었고, 광주에서 시취를 없애기 위해 향초를 피우던 학생의 형이 될 수도 있었다. 나는 그저 무수히 많은 가능성을 피해 갔을 뿐이다.

 그래서 책을 읽으며 그 서늘한 총구 앞에 섰던 이들의 심정이 완전히 이해되지는 않았다. 어떻게 그렇게 자주 시위에 가냐는 질문을 들었을 때도 내가 그 총구 앞에 서 있지 않기 때문이야-라고 생각했다. 내가 그 자리에 있지 않았기 때문에, 직접적인 생존의 위협을 받기 전이기 때문에 안전한 깃발 아래에나 서 있는 거라고. 고문을 당하면 단번에 거짓 자백을 하고 풀려나 평생 죄책감 속을 발버둥 칠 나를 위해서는 그런 시대가 다시 오지 않도록 막아야 한다는 마음으로. (……)

 한강의 세계에서 국가폭력의 잔상은 세대를 넘어 이어진다. 잔혹한 폭력이 뚫고 간 구멍은 시간의 경계를 허물고 우리를 관통한다. 비대해진 자아를 따라가다 내가 뭐라도 된 것 같다는 자신만의 세계에 갇히지 않기 위해서는 자주 그 구멍을 들여다봐야 할 것이다. 나를 비켜 간 총알의 자리를, 네가 될 가능성의 흔적을.]

- 속 터진 만두의 『소년이 온다』 서평 중 발췌

잔혹한 폭력이 뚫고 간　구　　멍은

시간의 경계를 허물고

우리를　　　　　　관통한다.

작은 마음으로 지키는 민주주의

집회에 참여하지 않는 사람들도 각자의 사정이 있을 거라고 생각해요. 저도 매주 가는 게 아니니까요. 매주 참석하시는 분들이 진짜 대단하신 거예요. 참여는 못 하지만 응원의 마음을 가지고 있는 사람이 더 많다고 봐요. 가끔은 투표의 결과에 책임을 함께 지지 않는 이들에 대해 화가 나요. 하지만 팀플에도 프리라이더가 있고, 사공이 많으면 배가 산으로 가기도 하잖아요. 저도 언젠가는 프리라이더였으며 그 사공 중 한 명이었다는 생각을 항상 가지고 있어요. 저도 어떤 부분에서는 이들보다 편협한 부분이 있는 거고, 부족한 부분이 있는 거고. 제가 거창한 일을 하는 것도 아니고, 또 제가 하는 일이 항상 정답도 아닐 거예요.

저는 거창한 의식이나 신념이 없어서 오히려 매번 가벼운 마음으로 나가요. 일단 제일 뿌리 깊은 건 5·18 광주 민주화 운동, 제주 4·3 사건과 같은 국가폭력의 희생자가 더 이상 만들어져서는 안 된다는 생각이 굳게 있어요. 그런 시대가 다시 온다면 저는 그때의 시민 영웅들처럼 버틸 수 없는 소시민임을 잘 알고 있거든요. 그래서 그런 부족한 나 자신을 들키지 않기 위해서는 그런 시대가 오면 안 된다고 생각해요. 만일 누가 저에게 총을 겨눈다면 전 바로 항복할 것 같아요. 제 목숨을 지키기에 급급하면서요. 그런데 이전의 수많은 시민은 그러지 않았다는 것. 제가 흉내 낼 수 없는 큰마음이라고 생각해요. 그들이 큰마음으로 지켜낸 민주주의를 계속 이어가야 하지 않을까, 하는 저의 사소한 작은 마음이에요. 그 마음으로 기회가 될 때마다 집회에 나가는 것 같아요. 매번 가야겠다는 생각이나 엄청난 신념은 없지만 그냥 제가 갈 수 있는 만큼은 가야겠다는 생각?

'그때는 그럴 수밖에 없었어, 모두가 그러는 시대였어'

라는 말을 하기보다는 그 부끄러움을 딛고
다른 선택을 하게 되는 사람이 다수였으면 좋겠다.

[국가라는 시공간적 틀 안에서 우리는 얽히고설킨 연대와 책임을 공유한다. 사람이 사람을 사람으로 대하지 않았던 역사를 지겹다, 과장되었다, 그 당시에는 어쩔 수 없었다,라고 말하는 것은 방관자로서의 부끄러움 때문인 것 같다. 그 시대를 같이 지나왔음에도 적극적으로 폭력에 함께 맞서지 않았다는 사실은 폭력에 동조한 것만 같은 부끄러움을 주기 때문에 피해자를 지우고, 시대상을 빙자한 가해자의 입장을 더 이해하려고 하는 것이 아닐까. 거대한 폭력 앞에서 비겁한 선택을 하는 건 인간으로서 당연한 생존 본능일 수도 있다. 다만 비겁한 순간을 지난 후에 역사를 바라볼 때 나의 부족함을 숨기기 위해 '그때는 그럴 수밖에 없었어, 모두가 그러는 시대였어'라는 말을 하기보다는 그 부끄러움을 딛고 다른 선택을 하게 되는 사람이 다수였으면 좋겠다.]

- 속 터진 만두의 『작별하지 않는다』 서평 중 발췌

겪지 않은 일에 공감하고, 스스로 반성하며, 글에 담긴 내용을 행동으로 실천할 수 있다는 것은 특별한 능력이다. 그 특별한 능력은 작은 것에서 시작되었다. 중학생 때 우연히 본 영화가, 책 속 이야기가 진심으로 공감할 줄 아는 한 사람을 만들었다. 그는 '그때는 그럴 수밖에 없었어, 모두가 그러는 시대였어'라고 말하는 대신, 그런 시대가 다시 오지 않도록 거리에 나선다. 경쾌한 걸음을 내딛는 만두의 마음은 가벼운, 사소한, 작은 마음. 그 마음부터 시작이다. 거창한 의식이나 신념이 없더라도 괜찮아. 만두를 보며 배운다. 작은 마음들은 결코 약하지 않다. "이 책에 담긴 여러 사람의 이야기를 통해, 각자의 세계가 확장될 수 있으면 좋겠어요."라는 그의 바람처럼 가벼운, 사소한, 작은 마음들이 모여 우리의 세계는 분명 나아가고 있으니까.

이 책에 담긴 여러 사람의 이야기를 통해,

각자의 세계가 확장될 수 있으면 좋겠어요.

2024 대서 '보이지 않는 것'의 퍼포먼스, <대관식/미사/대회합>

무표정한 까치

#현대미술 #TK토박이

무표정한 까치는 대구와 경산에서 30년째 살아온 **경북 토박이**다. 그는 어떤 주장이든 그것에 대한 문제점부터 생각하는 사람이라고 했다. 행동이 앞서기보다는, 한발 물러나 문제점을 찾는 사람. 그 모습은 전봇대 위에서 세상을 관조하는 무표정한 까치와 닮았다. 그가 집회를 보는 시선도 마찬가지다. 집회에 참여했다고 세상이 변하며 문제가 끝난 것이 아니다. 이러한 비판적 시각은 그를 끊임없이 생각하게 만든다. 지금도 문제를 고민하고 있을 까치의 깊고 세밀한 생각들을 함께 따라가 보자.

와, 여기 모인 사람들은 어떤 마음가짐으로 나왔을까?

3
무표정한 까치와의 인터뷰

집회에 나갔던 이유

저는 지금 대학원에서 미학미술사학을 전공하고 있습니다. 12월 3일 비상계엄령 선포 당일은 전시장에 작업을 설치하고 있었어요. 그때 친구가 대통령이 비상계엄령을 선포했다고 말해줬고, 처음에는 잘못된 정보인 줄 알고 믿지 않았죠. 그러다 뉴스를 보면서 사실이라는 걸 알게 됐어요. "이게 진짜 맞나…"라는 말이 나도 모르게 나오더라고요. 단톡방에도 난리가 난 걸 보고, 그 당시에 정말 당황스러웠죠.

사실 처음에는 집회에 나가야겠다는 생각이 그렇게 크지 않았어요. 계엄 선포 당일에 많은 시민분이 국회로 가셔서 계엄군을 막았고, 몇 시간 만에 일단락되었잖아요. 이제 헌법재판소의 판결을 기다리면 되겠다, 그렇게만 생각했던 것 같아요. 저는 원래 잘 움직이는 스타일이 아니거든요. 집에 있는 거 좋아하고, 친구들이 어디 가자 해도 집 밖으로 잘 안 나가는 사람이에요. 그러다 저랑 같이 현대미술 공부하는 사람들이 먼저 집회 현장에 나가는 걸 보았고, 그때 저를 돌아보게 되더라고요. 2017년 박근혜 탄핵 당시에 제가 서울에서 군 복무를 했는데, 여의도나 국방부 앞에서 집회하는 소리를 들은 적이 있어요. 그때를 떠올려 보니, '그런 역사적인 순간에 나도 한 번 있어 보고 싶다, 내가 지금 현대미술을 공부하고 있으니 나 스스로에게도 큰 도움이 될 것 같다.' 생각이 들어서 집회에 나가게 되었어요.

저는 한일극장 집회와 범어역 집회에 나갔어요. 그때 국민의힘 당사 앞에서 집회를 진행했는데, 인도는 사람들이 지나다녀야 하니까 다들 차선에 방석을 깔고 앉아 있었거든요. 그때 차들이 지나가면서 경적 울리고, 욕하기도 하셨어요. 당시에 제가 도로에 앉아 있었는데, 솔직히 좀 무섭긴 하더라고요. 아마 제가 혼자 현대미술을 공부했다면 안 갔을 거예요. 주위의 현대미술을 함께하는 친구들이나 선생님이 나가는 걸 보고 마음을 먹은 거죠. 무엇보다 그렇게 집회에 참여했을 때, 엄청나게 많은 사람이 나왔다는 게 놀라웠어요. 이 정도로 큰 규모의 집회에 참여한 건 처음이었거든요. '와, 여기 모인 사람들은 어떤 마음가짐으로 나왔을까?' 궁금해지더라고요. 여기 모인 사람들은 계엄 소식을 듣고, 바로 추운 거리로 나온 거잖아요. 그 실천력이 너무 대단하다고 느껴졌어요.

산티아고 순례길에서 얻은 것

제가 중학교, 고등학교 때 꿈이 기자였어요. 그래서 고등학교 2학년 때까지는 신문 스크랩 활동을 정말 열심히 했었어요. 당시 여러 신문사의 신문들을 펼쳐놓고, 사설 요약이라든지 친구들과 이야기 나누는 활동을 많이 했죠. 그러면서 사회학과에 왔는데, 수업은 대부분 제가 원하던 사회학적인 이론보다는 통계적인 내용이 강하더라고요. 그때 개인적으로 실망을 많이 해서, 학교도 안 나가고 정말 엉망으로 생활했어요. 그렇게 군대를 다녀오니까 복학하기 전에 여행을 한번 가고 싶은 거예요. '다른 사람들은 다들 유럽 여행을 가는데, 나는 돈도 없고 어떻게 가지?' 찾아보다가 산티아고 순례길을 알게 됐어요. 산티아고 순례길을 걸으면 많아 봤자 200만 원 정도 쓴다는 거예요. 그 정도면 괜찮겠다, 해서 건설 현장을 열심히 뛰고 200만 원을 모았죠.

그때 여행을 가려던 이유도 학교 복학하기 전에 마음을 좀 다잡고 싶었어요. 내가 학교를 엉망으로 다녔으니까, 이제는 새 마음으로 가고 싶다. 결과적으로 순례길에서 정말 많은 걸 느끼고 왔어요. 걸으면서 나 스스로 반성도 많이 하고, 삶을 되돌아봤거든요. 순례길을 걸을 때, 지도 앱이 있어요. 막 세밀한 지도는 아니고, 도착하려는 마을까지 몇 km가 남았는지 알려주거든요. 처음 4일간은 그 앱만 보고 걸었어요. 새벽 5, 6시쯤에 출발해서 20kg 되는 배낭을 메고 종일 걸어요. 보통 그때 출발하면 마을에 도착했을 때 12시

정도 되거든요. 그 마을에 도착할 때까지 제가 휴대폰을 꼭 쥐고, 5분 걷고 앱 확인하고, 5분 걷고 또 확인하면서 가는 거예요. 그땐 왠지 모르게 막 짜증이 났어요. 내가 선택한 순례길이고, 내가 오고 싶어서 왔는데도 잔뜩 예민해진 채로 그렇게 걷고 있었어요.

그렇게 막 걷다가, 한 5일째 되던 날에 마을을 지나가는데 엄청 귀여운 강아지가 문 앞에 누워 있더라고요. 귀여워서 쓰다듬고 있는데 주인집 어머니가 나와서 스페인어로 뭐라고 하셨어요. 제가 알아듣질 못하니까 손짓으로 뒤에 어떤 비석이 있다, 그 비석에 적힌 시를 읽고 가라고 얘기해주셨어요. 비석에 적힌 시도 스페인어였는데, 다행히 다른 분이 영어로 통역을 해주셨거든요. '당신이 그 길을 걷는 목적은 산티아고에 도착하기 위해서가 아니고, 길을 걸으면서 그 주변을 보고 느끼기 위함이다.'라는 내용이었어요. 산티아고에 가는 것만을 목적으로 삼지 말고, 그 과정에서 다른 것들을 좀 느껴보라는 거예요. 그제야 '아, 나 진짜 잘못하고 있었구나.' 이런 생각이 들었어요. 그걸 깨닫고 나서는 휴대폰을 안 보게 되더라고요. 그랬더니 정말 주변 풍경과 함께 걷는 사람들이 보이고, 새로운 마음가짐으로 돌아올 수 있었어요.

* **산티아고 순례길**은 스페인 갈리시아 지방 산티아고 데 콤포스텔라의 순례지이다.

당신이 그 길을 걷는 목적은

산티아고에 도착하기 위해서가 아니고,

길을 걸으면서

그 주변을 보고 느끼기 위함이다.

문제를 찾는 사람

　새 마음, 새 뜻으로 복학해서 듣고 싶었던 철학과 수업도 청강했어요. 그때 들었던 수업이 니체 수업이었는데, 그게 저한테 위로가 많이 되었습니다. 절대적 진리란 없고 모든 가치는 전도된다는 그의 말이 저에게 많은 울림을 주었던 것 같아요. 그 수업이 저의 첫 단추예요. 그렇게 철학과 복수전공을 하면서 고모의 추천으로 **현대미술**을 접했어요. 현대미술의 특징 중 하나가 동시대의 문제를 다루는 것이라는 걸 알게 됐습니다. 철학, 그리고 사회 문제와 떼려야 뗄 수 없는 관계죠. 현대미술은 동시대의 문제를 다루고, 그걸 어떻게 작업으로 만들어 낼 것인지가 가장 중요해요. 작가가 일종의 미디어가 되어 사회 문제를 관객들에게 보여주는 거예요. 저는 문제의 본질에 좀 더 순수하게 접근할 수 있다는 점이 끌렸어요. 그래서 대학원도 미학미술사학과로 진학하게 되었고요.

　저는 어렸을 때부터 궁금했던 것 같아요. 사람들이 다 행복하면 좋을 텐데, 왜 행복한 사람만 있지 않을까? 불행한 사람들은 왜 불행할까? 그런 생각을 꾸준히 했었거든요. 그러다 제가 중학교 때 대구에서 경산으로 이사를 왔어요. 중학교에 가고, 고등학교에 가다 보니 친구들이 어떻게 사는지도 보이더라고요. 제 친구 중에 형편이 어려워서 대학교를 바꾸는 경우도 있었어요. 그런 것들을 지켜보면서 이게 어디서 나오는 문제일까, 고민했던 것 같아요. 결국 그 끝에는 사회가 있더라고요. 그래서 저는 사회 속의 그 문제를 찾아내고 싶었어요. 기자의 꿈도 그렇고, 현대미술에 이끌린 것도 아마 그런 이유라고 봐요. 그 문제를 찾아서 파헤치고, 해결하려는 사람이 되고 싶은 건 지금도 마찬가지예요.

2030 또래 남성들과의 대화

저는 원래 주변인들과 정치적 이야기를 많이 하는 사람은 아니었어요. 그러다 이번 계엄 사태 이후로 정치적인 생각이 다른 사람들끼리 뚜렷이 갈라졌다는 걸 피부로 느끼게 된 것 같아요. 계엄 사태가 작은 사건이 아니니, 어쩔 수 없이 얘기를 많이 하게 되잖아요. 저랑 정말 친한 중, 고등학교 친구 10명이 있어요. 그 친구들과 이야기하는데, 저랑 똑같은 생각을 가진 친구가 없더라고요. 친한 친구들 간에도 의견이 완전히 갈라져 버리니까, 확실히 다르다는 게 느껴졌죠. 그래도 저희끼리 워낙 돈독하다 보니, 의견이 달라도 제가 왜 이런 생각을 하는지 차근차근 설명할 수 있었어요.

친구들한테 제일 먼저 얘기하는 건 제가 가장 추구하는 가치예요. 저는 '왜 모두가 다 행복하지 못할까?'라는 질문을 계속해 왔잖아요. 그중 제일 중요하게 생각하는 건 사람들이 모두 다 평등하다는 것. 그냥 똑같은 사람이었으면 좋겠다는 거예요. 누구는 이렇기 때문에 차별받고, 누구는 이렇기 때문에 배제되고, 그런 걸 별로 좋아하지 않아요. 모두가 평등했으면 좋겠어요. 이게 제가 가장 중요하게 여기는 가치인데, 이번 계엄 사태는 평등한 대한민국을 만들기 위해

필요했던 조치가 아니라고 생각해요.

　　이번 집회에서 또래 남성들을 거의 보지 못했던 것 같아요. 현대미술에서 가장 문제시하는 지점은 사실 자본주의거든요. 제 친구들이나 주변 남성들을 봤을 때, 어떤 돈이나 자본을 벌어야 한다는 강박이 있는 것 같아요. 그게 얕게 드러나면 취업해야 한다는 강박, 더 나아가면 돈을 많이 벌어야 한다는 강박이 되거든요. 한창 저희가 클 때, 경제가 중요하다, 경제가 무너지면 나라가 망한다, 이런 인식이 팽배했어요. 그래서 남성들이 돈을 더 많이 벌어야 하고, 안정적인 직장을 가져야 하고, 무조건 자기 집이 있어야 하고. 이런 것들에 대한 강박이 있다 보니까, 그것과 반대되는 생각이나 정책을 용납하지 못하는 것 같아요. 무엇보다 요즘 취업 경쟁도 심하잖아요. 한번은 제 친구가 동아리 지원이나 취업 면접에서 남성들이 너무 불리하다고 얘기하더라고요. 성별에 따른 가산점 제도 부분을 예시로 드는 거죠. 그러다 보니 이 상황을 오히려 역차별로 받아들이는 것 같아요. 그런 답답함이 정치적으로 표출된 게 아닐까 짐작합니다.

　　저도 2030 남성이에요. 제가 현대미술을 공부하지 않았다면 아마 다른 친구들과 똑같이 생각했을 것 같아요. 남들이 타는 좋은 차 한번 타보고 싶고, 좋은 집에서 살아보고 싶고. 남들이 하듯이 저도 그렇게 생각하며 살아갔을 거예요. 이렇게 자본주의에서 파생된 신화들을 사람들이 맹목적으로 따르고 있잖아요. 저는 앞으로 자본주의가 만들어 낸 어떤 신화들을 다 깨버리고, 해체해 버리고 싶어요. 그것

말고도 다른 길이 있다, 다르게 생각할 수 있는 방식이 있다는 것을, 현대미술을 통해 말하고 싶어요.

새로운 집회의 형식

개인적으로 집회가 여러 형식이면 좋겠다고 생각해요. 지금의 대부분 집회 형식은 사람들이 광장에 모이고, 다 같이 피켓이나 응원봉을 들고 노래를 불러요. 그리고 어떤 사건이 터지면 분노의 감정으로 나오고, 그게 해결되면 다시 사라지잖아요. 저의 개인적인 욕심으로는 한 발짝만 앞으로 나갔으면 좋겠거든요. 그래서 집회 형식에서 새로움을 찾으면 어떨까, 생각했어요. 집회 형식은 항상 똑같으니까, 새로운 집회 형식을 만들 수 있다면 정말 좋을 것 같다. 20세기 중반 동유럽의 작가들은 저항의 방식으로 카페나 일상적인 공간에서 평상시 하지 않는 행동을 하기도 했어요. 예를 들면 카페라는 공간에서 면도한다거나, 그 공간에서 전혀 하지 않을 행동을 하는 거예요. 지금 대한민국에서 벌어지는 집회는 일관된 형식이잖아요. 일상에서 보는 풍경과는 다른, 어떤 충격을 만들어 내는 집회 형식을 찾는다면 다들 세상을 좀 더 달리 볼 수 있는 계기가 되지 않을까요?

그는　　　더 나은 세상으로의 변화를 꿈꾸며

현대미술로

행동한다.

*　　무표정한 까치가 속한 현대미술 콜렉티브 **간질간질간질**이 진행한 퍼포먼스

대구는 변화할까요?

많은 사람이 노력하고 있지만, 대구가 변화했다고 생각하진 않아요. 지금의 상황이 하나의 계기가 되어 사람들이 모였을 뿐이지, 대구의 정치적인 지형은 아직 견고하게 남아 있는 것 같거든요. 저는 대구가 변화해야 한다고 생각해요. 대구만큼 견고하고 뚜렷한 정치 색깔을 지닌 곳이 없어요. 그런 대구가 바뀐다고 하면, 대한민국 전체가 바뀔 수 있을 거예요. 현대미술 선생님이 "대구를 바꾸면 대한민국을 바꾸는 거다. 그러니 내가 대구를 떠날 이유가 없다." 이런 식으로 말씀하셨던 적이 있거든요. 어떻게 보면 도전의 대상이기도 해요. 대구를 진짜 한번 바꿔 보고 싶다. 현대미술을 통해 대구를 변화시키고 싶다. 저는 대구가 바뀌어야 한다고 생각해요. 극단적으로 치우치는 게 아니라, 좀 다양하게 자기의 의견들을 낼 수 있는 대구로 바뀌었으면 좋겠다는 거예요. 어떻게 바꿀 수 있을지는 더 고민해 봐야겠지만요.

저는 친구들과 현대미술에서 가능성을 봤고,

　　그래서 거리로 나섰어요.

　　　　진부한 피켓 대신, 익숙하지 않은 어색함이

　　　　　사람들에게 새로운 생각을 불러일으킨다고 믿었어요.

"제가 생각했던 바를 솔직하게 말할 수 있어서 편했습니다. 꾸며낼 것도 없고, 억지로 대답할 필요도 없이 제 생각을 쭉 말할 수 있었어요." 무표정한 까치는 끊임없이 사회에 대해 생각해 왔다. 그의 생각들은 오랫동안 축적되어 더욱 깊고 세밀해졌다. 사회 곳곳의 문제점을 찾아다니는 그는 거기서 멈추지 않는다. 전봇대 위에서 가만히 있는 까치는 없다. 그는 오래된 사상을 해체하고, 다양성을 존중하는 사회를 위해 행동하기 시작한다. 그의 말대로 아직 아무것도 변하지 않았다. 지금부터가 시작이다.

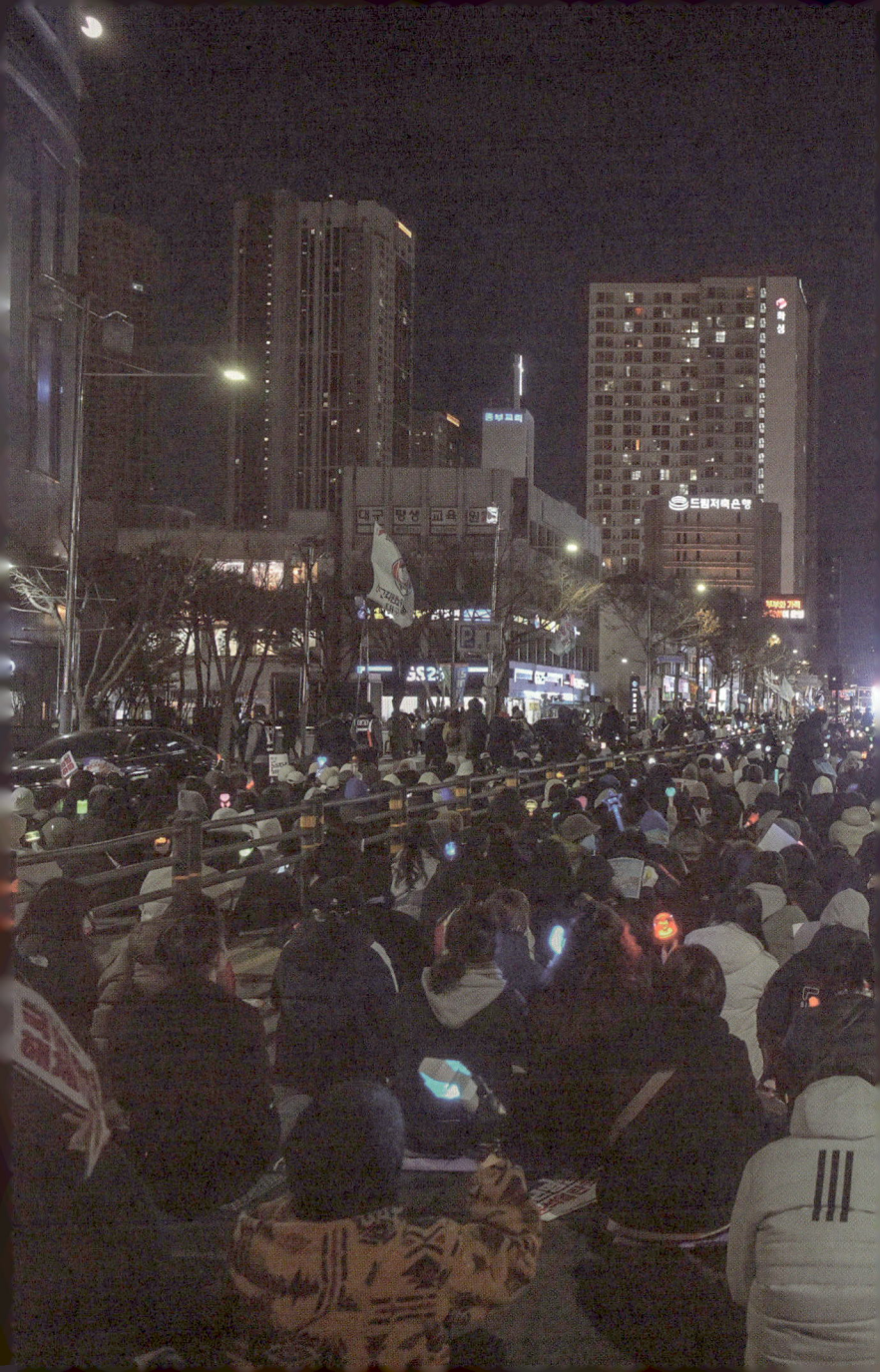

청소년의 미래는
청소년이 지킨다

쾌활한 책쟁이

#중학생 #교내활동

편안한 생활복 차림에 큼지막한 백팩, 사용감이 묻어나는 신발주머니와 함께 등장한 누가 봐도 앳된 모습의 중학생, 쾌활한 책쟁이를 만났다. 단정한 표정에 깃든 그의 자신감이 눈부셨다. 마음속 옳음에 대해 확신을 가지고 말하던 그. 쾌활한 책쟁이가 말하는 옳음과 민주주의란 무엇일지 함께 들어본다.

4

쾌활한 책쟁이와의 인터뷰

교실에서 광장으로

　인터뷰 제안을 받았을 때 좋은 기회라 생각했습니다. 우리 청소년들이 왜 탄핵찬성집회에 나오게 되었는지를 확실히 전하고 싶었거든요. 소위 말하는 갈라치기로 인해 청소년들 사이에서 견해차가 커졌고, 혐오를 기반으로 한 좋지 않은 문화들도 생겨나고 있어요. 이런 상황 속에서 당당하게 집회에 참여하는 청소년들이 어떤 절실함을 가지고 이곳에 왔는지를 꼭 한번 전하고 싶었고, 청소년들도 혼란한 시기에 함께 참여하는 우리 사회의 일원이라는 것을 인정받고 싶었습니다.

　윤석열 계엄 이후로 계엄령이란 무엇인지 찾아보면서 사회 문제에 관심을 많이 가진 친구들도 있었어요. 그러다 보니 교내에서는 윤석열 퇴진과 관련해서 여러 의견이 오가고 있습니다. 실제로 많은 친구들이 탄핵에 찬성하는 입장이고요. 적극적으로 참여는 못 해도 '내가 할 수 있는 게 뭘까?'라는 생각을 하면서 서명 운동에 동참하거나, 교내에서 의견을 나누는 장면을 학교에서 자주 볼 수 있어요.

학교에서 저는 정치적인 의견을 많이 내는 편이고, 친구들에게 이런저런 질문도 많이 해요. 친구들과 각자 가장 나은 의견이 뭔지 토론도 자주 하고요. 그러다 보니 학교 내에서 사회적 논쟁에 참여하는 것으로 유명해진 상태예요. 또 전교 부회장을 맡고 있어 저의 행보를 본 친구들이 "나도 이 문제에 대해 심각성을 느끼고 있다.", "연대하고 싶다."는 말을 많이 해줍니다. 그래서 학교 친구들과도 가끔 집회에 같이 참석했어요. 학교 구성원 대다수가 탄핵이 상식적이라는 생각을 해요. 학교에서 민주주의란 시민들의 목소리로 만들어지는 것이라고 쭉 배워왔기 때문이에요. 처음에 친구들은 제가 집회에 나간다고 하니 걱정했어요. 친구들이 아는 집회의 모습은 화염병을 던지고, 바리케이드도 오르는 무서운 모습이었거든요. 그런데 생각보다 제가 겪은 행진이나 집회는 모두 평화적으로 흘러갔고, 탄핵찬성집회도 즐거운 분위기로 흘러가서 인상 깊었어요.

나라도 적극적으로

정치에 관심을 가지게 된 계기가 있어요. 2년 전쯤, 그러니까 2023년도죠. 그때 충남, 서울 지역 등 학생 인권조례 폐지와 관련해서 여러 논의가 나오고 있었는데요. 학생 인권조례는 헌법상 학생의

권리를 보호하고 학생들이 더 평등할 수 있도록 지켜주는 너무 당연한 장치라고 생각했어요. 근데 그걸 폐지하겠다고 하니까 사실 저로서는 잘 이해가 가지 않았죠. 어떻게 연대할 수 있을지 곰곰이 생각하다 서명 운동을 하게 됐고, 그러다 보니 **지음**,* **아수나로*** 등 여러 청소년 인권 단체를 만나게 되었습니다. 학교에서 어떤 문제나 잘못된 결정에 대해 문제의식을 느끼면 그것에 대해 적극적이고 평화적으로 의견을 개진하라고 배웠어요. 그러다 보니 학생 인권조례 폐지라는 비상식적인 소식이 들려왔을 때, 내가 지금 가만히 두고만 보는 게 나와 내 친구들의 안전과 행복에 위협이 될 수도 있겠다고 생각했습니다. 우선 나라도 적극적으로 뛰어들어 보자는 마음으로 단체에 가입했던 것 같아요. 물론 대구는 아직 학생인권조례가 없습니다만….

활동할 때는 토론 중심의 구조라는 것이 인상 깊었어요. 아수나로 대구 지부에서 활동하다가 예산이 없어 해산되었는데, 그 후 활동했던 친구들끼리 대구에서 **얼라들**이라는 청소년 인권단체를 조직했습니다. 얼라들의 준비 위원으로 있는 동안 직책이 없는 단체로 만들겠다고 이야기했어요. 모든 구성원의 의견을 존중하자는 의미에서요.

첫 집회 참여는 907기후정의행진이었습니다. 우리 환경이 훼손되는 게 너무 마음이 아팠어요. 실은 우리도 자연에서 나왔는데 어떻게 우리가 자연을 훼손할 수 있겠어요? 계속 살아가야 할 이 자연을 우리가 훼손하는 게 어떻게 보면 자신을 해치는 행위 같다는 생각이 들었어요. 이후 얼라들 활동으로 퀴어 축제도 참여했습니다. 이번 탄핵찬성집회에서도 얼라들 깃발을 들고 여러 번 참석했습니다. 규모는 5명 정도로 크지 않아요. 대구가 보수 성향이 강하고, 우리 청소년들은 부모님의 영향을 크게 받기 때문에 대구 안에서 청소년 인권단체의 파이는 크지 않은 게 현실입니다.

제가 생각하는 민주주의에 대해 말씀드리고 싶어요. 우리가 각자 가지고 있는 생각이나 욕구가 다 다르잖아요. 그 서로 다른 부분들을 조합해 나가면서 원하는 게 무엇인지 공통점을 종합해 나가는 과정이 민주주의라는 생각을 해요. 그러다 보니 어느 정도 마찰이 있을 수 있다고 보는데, 그런 의견 차이가 있으면 최대한 무력을 배제해서 토의하는 방식으로 진행해야 한다고 봅니다. 마찰이나 갈등이 생긴다고 계엄을 한다거나 감정에 치우쳐 과격한 정치를 하는 것은 옳지 않다고 생각해요. 민주주의는 정돈되고 이성적인 토론의 장이 되어야 하지 않을까요?

* **지음**은 청소년인권운동을 지속하고자 하는 활동가들의 단체. 선거권 연령 하향 등 청소년 참정권 확대와 학생인권법 제정을 요구하는 활동을 진행한다.

* **아수나로**는 모든 청소년이 인권을 보장받는 사회를 만들기 위해 청소년들이 중심이 되어 직접 행동하는 민간사회단체. 서울에 본부를 두고 있으며 인천, 부산, 천안 등 지부를 두고 있다. 쾌활한 책쟁이는 아수나로 대구 지부 추진에 힘썼으나 현재 (2025.04.) 공식적인 대구 지부는 없다.

내가 지금 가만히 두고만 보는 게

나와 내 친구들의 안전과 행복에 위협이 될 수도 있겠다고 생각했습니다.

청소년이 명령한다, 윤석열 탄핵

    저는 예전부터 청소년 인권 단체에서 활동해 왔고 직책도 가졌어요. 그러다 보니 언론에 얼굴을 드러내고 글을 기고하기도 했습니다. 이런 상황에서 계엄령이 터지다 보니까 제 신변에 대한 걱정이 사실은 있었어요. 경제적·외교적 관점에서 한국의 입장을 생각해 봤을 때 우리 청소년이 앞으로 살아갈 이 나라가 위험해질 수도 있겠다는 생각도 했죠. 그래서 개인적으로 두려움을 많이 느꼈습니다. 많은 분이 그러셨듯 저도 계엄령 당일에 잠을 못 잤어요. 국회에서 계엄 해제안을 가결했을 때, 비로소 마음을 놓고 상황이 어떻게 흘러가는지 지켜볼 수 있었습니다. 학업 등의 이유로 정치 활동과 잠시 멀어졌었는데 윤석열의 계엄령을 맞닥뜨리며 생각했어요. '지금, 이 계엄에 대처하지 않는 것은 우리 청소년들 전반의 미래를 위협하는 일이다.' 윤석열 탄핵에 찬성을 외치는 것이 우리의 미래를 위해서도 중요한 일이라고 생각했습니다. 다음 날 바로 얼라들 회원들과 광장을 찾았어요. 박스 피켓을 각자 만들어 갔는데요. 저는 '청소년이 명령한다, 윤석열 탄핵'이라는 문구를 적어서 나갔죠. 의도치 않게 뉴스에도 보도가 됐더라고요. 뉴스를 보는 사람들이 청소년들도 윤석열 탄핵에 대한 관심이 크다는 것을 알아줬으면 했습니다.

이번 집회에서 기억에 남는 순간은 윤석열 탄핵안이 부결되었을 때예요. 함께 하는 시민들이 탄식할 때 저도 사실 어느 정도 실망을 했었는데요. 그 탄식 이후에 시민들이 좌절에 그치는 것이 아니라 다시 한번 구호를 외치면서 연대를 하는 모습들이 참 인상 깊었어요. 또 그다음으로 윤석열 탄핵안이 가결됐을 때, 그때 시민들의 환호성 속에서 국가를 구성하는 시민들의 힘이 정말 강력하다는 생각을 절실히 했습니다. 큰 연대감을 느꼈어요.

학교에서의 나

6개월 정도 준비해서 교내에서 직접 야학을 운영하고 있어요. 성적이 낮은 친구들은 진도를 따라가기가 어렵잖아요. 그 친구들이 가능한 요일을 정해서 3시간 정도 방과 후에 남아서 선생님들 퇴근 이후로도 서로서로 공부를 알려주고 있어요. 저 혼자 하는 것이 아니라 누구든지 가르치고 가르침 받을 수 있도록 열린 운영을

합니다. 전교 학생회 임원으로서 요즘 논의하는 것은 환경 운동 동아리 등 자발적인 학생 단체를 조직해서 사회 문제에 대해 우리 청소년들이 생각해 보는 기회를 마련하거나, 왜 우리가 사회 문제에 관심을 기울여야 하는지 생각해 보는 기회를 만들어 보고 있습니다.

학생들이 학교에 불편한 점을 말하고 고쳐 달라고 이야기하면 선생님들께서는 사실 불편하게 여기십니다. 또 입시나 생활기록부 등의 문제가 있어서 학생들이 움직이거나 목소리를 내는 데 주저하기 마련인데요. 그렇게 주저하다 보면 사회가 망가질 것 같다는 생각을 해요. 자기 이익이나 명예만을 위해서 사회 문제에 무관심한 사람이 될까 봐, 또 내 옆의 친구가 그렇게 될까 봐 주변 친구들에게 문제가 있으면 적극적으로 이야기하자는 것을 알려주고 실제로 임원으로서 학생들의 의견을 직접 전달하려고 노력하고 있습니다. 불만은 있지만 의견을 표현하기 어려워하는 친구들의 대변인을 하고 싶어요. 어떤 문제가 생기면 교장실에 계속 들어가서 이야기하고 항의하다 보니까 의도치 않게 교장 선생님이랑 친해지기도 했네요.

건의가 받아들여진 적도 있어요. 학교에서 신발주머니를 꼭 가지고 다녀야 하는데 학기 초에 한 번 나눠주는 것을 들고 다니다 보면 때가 많이 타고 헤져서 1년에 한두 번 바꿔야 해요. 학교 예산안을 구해서 봤더니 1년에 이 신발주머니 비용으로 일정 금액이 나가는데, 이 금액을 아껴서 차라리 신발장을 사면 학생들도 편하고 예산 면에서도 장기적으로 봤을 때 이익이 아닐까 하는 생각을 선생님들께 말씀드렸어요. 박박 우기는 게 아니라 어느 정도 타협을 해야 한다고 봐요. 이 문제는 지금 선생님들과 긍정적으로 논의를 이어 나가고 있어요.

어른들은 우리를 대신할 수 없다

대구는 저에게 애증이에요. 대구에서 태어났고, 계속해서 대구에서 살아왔습니다. 제가 집회에 참석하거나 활동하는 것을 주변의 어른들이 보시면 상당히 안 좋게 여기시는 것 같아요. 빨갱이 소리도 많이 들었고요. 제가 활동하는 게 너무 이르다고 우려하시는 분들도 있습니다. 뭐, 물론 민주주의 사회인데 이분들의 생각이 잘못됐다고 제가 비판을 할 수는 없지만, 대구라는 사회는 되게 딱딱하게 흘러가는 것 같아요. 그래서 저에게 계속 반항심을 자극하는 것 같아요. 고향이라 사랑하지만, 한편으로는 반항심도 많이 불러일으키는 애증의 대상.

부모님이나 주변 선생님들도 저를 보고 "공부에 전념할 것이지 왜 굳이 정치 참여로 아까운 시간을 버리냐?"고 말씀하십니다. 사실 정치는 우리 삶과 직결된 거잖아요. 그 부분에 대해 어른들이 많이 간과하는 게 아닐까? 하는 생각을 해요. "정치는 어른 돼서 해도 돼."라는 말씀도 하시는데요. 우리가 지금 청소년 당사자일 때 말할 수 있는 의견과, 어른이 되었을 때 말해야 하는 의견은 다르다고 생각해요. 지금, 이 순간 우리가 전개해야 하는 의견들이 있는데,

그런 의견을 이야기하는 데 있어 미숙하다는 이유로 어른들에게
우려나 만류의 목소리를 듣고 있어요. **각자의 의견이 조화되는 것이
민주주의**라고 학교에서 배웠는데도 말이죠. 미숙함만을 이유로
우리의 의견을 듣지 않는 것은 옳지 않다고 생각해요.

    우리가 영원히 청소년으로 머물지는 않잖아요. 우리도 나이가 들
텐데. 우리도 어른이 될 텐데. 자라서 사회를 이루고 노동자가 되고,
사회의 일원으로 살아갈 사람들이기에 지금 사회 문제에 의견을
보태는 일들은 우리의 미래를 챙기는 일이기도 해요. 여러 가지
사회의 갈등을 풀어나가는 데 있어서 '청소년들도 사회의 일원으로
인정해 달라', '상대적 약자로서 우리가 말하는 의견을 존중해
달라'는 바람이에요. 우리도 어른들과 함께할 수 있다는 것을 집회에
참여함으로써 보여주고 싶었던 것 같아요.

우리도 충분히 연대할 수 있는 존재들이에요.

우리는 수동적인 존재가 아니에요.

능동적으로 움직이고 또 의견을 개진할 수 있는 존재예요.

    여러 의견에도 흔들리지 않고 저의 중심을 잡으려고 노력해요.
꿋꿋이 제 마음을 정돈해 나가고 있는데요. 하루에 20분에서 30분
정도는 산책하는 시간으로 비워 둡니다. 산책하면서 이런저런
생각을 해요. 어른들의 말씀에 내가 흔들리게 되면 사실 자존심도

좀 상하고요. 내 의견인데 왜 간섭하시나 하는 생각도 들고요. 저는 절대적인 옳고 그름은 없다고 강력하게 믿어요. 옳고 그름이라는 게 사실 각자 다른 것이고, 나에게 당연한 것이 다른 사람에게는 그렇지 않을 수도 있잖아요. 어쨌든 요즘은 내가 느끼는 게 옳다고 생각하며 살아가야겠다고 느껴요. 친구들이 무언가 말하고 싶으면 주저하지 말고, 나가서 의견을 펼치면 좋겠어요. 내가 믿는 게 옳다라는 생각으로 적극적인 의견을 펼치고 힘을 합칠 때 원하는 것에 한 발짝 다가갈 수 있다고 생각해요. 그리고 이 믿음이 저를 움직이게 합니다. 제가 적극적으로 주장했을 때 누군가는 내 목소리를 들어주지 않을까? 그리고 사회가 어떻게든 변하지 않을까. 시간이 얼마나 걸리든 간에 나의 움직임으로 사회가 변화할 수 있지 않을까 하는 생각이 저의 동력인 것 같아요.

행동으로 이어진 사랑

지금은 용돈이 부족해서 신문 구독을 끊었는데요. 글을 읽는 게 좋아서 원래는 한겨레 등 신문을 구독해서 봤어요. 매일 신문 속보나 위키 백과 같은 사전을 릴스 보는 것보다 훨씬 많이 봤어요. 그러다 보니 문장력이 조금 늘게 된 것이 아닐까 합니다. 독서의 경우 즐기면서 해야 한다고 생각하는데, 그래서 그런지 저에게 재미있는 책만 편식하고 있어요. 그래도 한 번 읽을 때 비문학 한 권, 문학 한 권 이렇게 같이 읽으려고 하는 편입니다. 요즘은 철학, 사회, 정치

분야의 책을 많이 읽어요. 시민단체 활동가로서 사람들의 의견을 담은 책들도 읽어 보고 참고를 하는 편입니다. 최근에 읽은 괴테의 『젊은 베르테르의 슬픔』도 인상 깊었는데요. 진정한 사랑이 뭔지에 대해 오래 생각했어요. 베르테르의 사랑이 소유에 가깝다고 느꼈습니다. 사랑은 상대를 소유하는 게 아니라 순수하게 상대의 행복을 바라는 게 아닐까? 하는 생각을 했어요. 사랑이라는 것은 사실 사회에 대한 사랑일 수도, 국가에 대한 사랑일 수도, 자연에 대한 사랑일 수도 있기 때문에 지금 시민 단체 활동가분들도 이런 사랑을 이어오고 실천하는 게 아닐까, 하는 생각도 해봅니다.

사랑 이야기를 하니 전태일 열사도 생각이 납니다. 저의 롤모델이라 할 수도 있을 것 같은데요. 그분 나름대로 사랑을 실천했다고 생각해요. 어떤 문제의식을 느끼고 행동할 때 나는 전태일 열사만큼 할 수 있을까 생각해 보면 못할 것 같거든요. 존경심이 커집니다.

나의 이야기

저는 사실 학업에 대한 집착이 많은 편이었어요. 한 번 하면 완벽하게 해야 한다는 생각도 있었고요. 많은 선생님께서 조언해 주시는 게 공부를 막 열심히 해도 삶이 엄청나게 달라지는 게 아니라 하시더라고요. 전교 1등을 한번 해봐야겠다 싶어서 한 적이 있는데, 막상 전교 1등이 되니까 허무한 거 있죠. 내가 이걸 왜 이렇게까지 열심히 했지? 그런 생각이 들어요. 요즘은 공부는 착실히 하고 있지만 성적이 안 나와도 괜찮다는 마음을 가지고 있고, 제가 원하는 목표들을 찾아가면서 지치지 않는 공부를 하는 것 같아요.

미래에는 교수가 되고 싶어요. 기술 발전이나 사회 발전에 직접적으로 영향을 끼친다고 생각하거든요. 사회에 직접적인 타격을 주는 것은 기술이라고 보는데, 이 기술이 발전하면서 자본이나 기업으로 인해 사회가 피폐해지는 것 같아요. 제가 생각하는 가장 이상적인 한국 사회는 정(情)이라 하는 한국인의 정서가 많이 반영된 사회예요. 요즘 워낙 사회 분위기가 개인주의에 가까워지다 보니 안타깝더라고요. 문과로 가서 사람들과 가까운 인문학을 해야겠다고 생각했습니다. 밥은 굶더라도 영혼은 굶게 하지 말자는 메시지를 전하고 싶어요. 10년 뒤의 나를 생각해 보면…. 그때도 책을 많이 읽거나 토론을 좋아하는, 좀 나이만 많아진 지금의 저이지 않을까요?

윤석열 계엄 이후 한강 작가의 『소년이 온다』를 다시 펼쳤다. 지금 내가 사는 이 시대에도, 소년은 과연 오는가 고민한 적이 있었다. 유튜브와 SNS가 10대 청소년을 잡아먹었다고 생각했다. 더 이상 민주 정신이 이어지지 않겠다고 단정한 적이 있었다. 쾌활한 책쟁이와의 인터뷰는 그런 내 고민을 부끄럽게 하는 시간이었다.

소년은 다른 형태로 온다. 학교에서 친구들과 이야기하고, 주체적으로 사랑을 말하고, 옳음을 외치고, 민주주의를 지키는.

소년이 온다.

지금 여기, 2025년 우리 눈앞에.

그들은 이미 와 있다.

너, 내 동료가 돼라

참지 않는 행콩이

#대학생 #인권모임

? 행콩이: 행복한 콩

평범한 일상 속 무심히 넘길 수 있는 일들에도 섬세하게 반응하는 사람이 있다. 참지 않는 행콩이는 그런 사람이다. 말 그대로, 참지 않는다. 불편한 구조, 이상한 관행, 누군가 속으로만 삭이는 일에도 그는 입을 열고, 몸을 움직인다. 주변에서는 "그 정도는 그냥 넘어가도 되지 않느냐."며 말을 붙이기도 하지만, 행콩이에겐 그게 오히려 이상하다. 그는 말한다. "왜?"

이유는 단순하고도 명확하다. 누군가는 참지 말아야 하니까. 그의 말과 행동은 늘 누군가의 마음을 건드리고, 작은 파동을 만들어낸다. 참지 않음으로써 주변을 바꾸는 사람, 참지 않음이 곧 실천이 되는 사람. 그런 참지 않는 행콩이의 이야기를 들어보자.

5

참지 않는 행콩이와의 인터뷰

계엄령이 선포된 날

　저는 원래 사회 문제에 관심이 많았어요. 특히 젠더 문제, 노동 문제에 관심이 많았고요. 저도 예비 노동자니까 이런 문제들이 남 얘기 같지 않았거든요. 비상계엄이 터지기 전에도 대학생으로서 뭔가 세상에 문제가 많다고 느꼈어요. 그래서 뜻이 맞는 친구들끼리 12월 3일 당일에 경북대학교 시국선언을 진행했었습니다.

그런데 그날 밤, 비상계엄이 터진 거예요. 눈 뜨고 밤을 지새웠죠. 계엄령이 해제될지 말지도 불확실한 상황이니까 긴장도 많이 됐고요. 2~3시간 겨우 자고, '아침 9시에 동대구역에서 집회가 있으니 많은 시민이 참여해줬으면 좋겠다.'라는 소식을 듣자마자 택시 타고 친구들과 함께 동대구역으로 향했습니다. 그때부터 친구들과 함께 '앞으로 지역단체, 지역사회의 움직임에 적극적으로 동참하자.' 이런 의지를 다졌던 것 같아요. 원래는 경북대학교 시국선언을 위해 일회성으로 연명 받은 단체명이 **민경모**(민주주의를 요구하는 경북대학교 대학생 모임)인데요. 임시단체가 비상계엄 이후 공식 단체가 되었습니다.

* **민경모**는 비상계엄령 선포일과 같은 날 오전, 경북대학교 시국선언을 진행하였다.

'왜?'라는 씨앗

제가 움직이는 모든 행동의 출발점은 "왜?"에서부터 시작되었다고 생각해요. 사실 어릴 적 경제적으로 집안이 어려웠던 적이 있었어요. '이 사회에서 돈은 뭐지?', '왜 돈 문제로 힘든 걸까?'라고 생각했죠. 그런데 경제적인 문제가 단순히 개인의 문제라고 보기는 어렵잖아요. 부모님이 마냥 이기적이고 욕심이 많아서 돈 문제로 싸우는 게 아닐 거라고 막연하게 생각했었어요. 그래서 아, 사회 구조의 문제일까? 하는 생각을 어렴풋이 가졌던 것 같아요. 또 너무 어릴 때니까, 무언가 판단하기보다는 앞으로 더 공부해보고 싶다는 마음만 가지고 있었죠.

초등학생 때는 지구온난화 문제에 꽂혀서 '지금 투발루 섬 주민들과 동물들은 죽어 나가는데, 왜 어른들은 행동하지 않을까?'라고 자주 생각했어요. 중학생 때는 『연을 쫓는 아이』라는 책을 읽고 전쟁에 대해 생각했었고요. '전쟁을 하지 않는 것이 더 행복하고 바람직한데, 사람들은 왜 자꾸 싸울까?', '나의 일상은 상대적으로 풍요롭고 평화로운데, 지구 저 반대편에서는 왜 사람들이 죽어가고 있을까?' 하는 문제의식이 마구마구 피어올랐어요. 고등학생이 되니 제가 직접 입시 경쟁을 겪기도 했어요. 친구들과 서로 사이좋게 지내고 배려하라더니, 당장 내 옆에 친구들이 경쟁자가 되고, 계산적으로 사고해야 하는 현실이 눈앞에 있었죠. 강남역 살인사건, 여성 혐오, 난민 사태 등의 일련의 사건들을 마주하기도 하고요. 모순이 가득한 사회를 살아가고 있는 한 명의 구성원으로서 이런 문제들에 대해 어떻게 생각하고, 어떻게 해결할 수 있을지 늘 고민했던 것 같아요. 이런 문제를 해결하지 못하면 내가 살아가는 대한민국의 미래도 없을 것 같았습니다.

인권 모임을 만들게 된 계기

학창 시절에는 '왜 나는 생각만 하고, 행동하지 못할까?'라는 것에 대한 부채 의식이 있었어요. 그래서 대학교에 입학하면 사회의 다양한 문제를 해결하는 데 도움이 되는 학문을 배우고 싶다는 생각이 컸습니다. 처음에는 어떤 학문을 선택해야 할지 잘 모르겠어서, 자율전공부에 들어간 후에 선택하기로 했어요. 정치외교학과, 사회학과, 철학과를 두고 고민을 많이 했었는데요. 1학년 2학기에 문화사회학이라는 강의를 수강하고 제가 사회학이랑 잘 맞는다는 걸 깨달았어요. 사회학이라는 학문이 개인적인 일상, 미시적인 관계부터 구조적이고 거시적인 문제까지 아주 종합적으로 다루는 학문이라는 걸 알게 됐거든요. 그렇게 사회학과를 선택하게 되었습니다.

저는 대학이라는 곳이 학문의 장, 하나의 공론장이라고 생각해서 '내가 생각하는 사회 문제에 대해서 자유롭게 토론할 수 있겠지?' 하는 일종의 로망을 갖고 있었어요. 그런데 교내에 그런 모임도, 공론의 장도 없는 거예요. 실망감이 들었죠. 편입을 생각하기도 하고 회의적인 고민을 잠깐 했지만, '그냥 내가 만들면 되지!' 하고 생각했어요. 비관주의나 냉소주의에 빠져서 스스로 동굴에 들어갈 필요가 없더라고요. 내가 만들면 되니까. 그래서 2023년에 친구와 둘이 만들게 된 게 바로 인권 모임이에요.

지금의 민경모에서 함께 활동하고 있는 친구들은 교내 인권 모임에서 만난 친구들이에요. 친구들과 모이면 젠더, 노동, 기후, 역사, 환경 같은 다양한 주제에 대해 공부하고 사회 이슈에 관해 이야기를 나누어요. 최근에는 다 같이 기후정의행진, 청년유니온 최저임금 선전전에도 참석하는 하나의 동아리가 되었고요. 저는 여전히 이런 모임이 꼭 필요하다고 생각합니다.

사회를 바라보는 시선

저는 애니메이션을 좋아해요. 〈원피스〉, 〈나루토〉, 〈강철의 연금술사〉 같은 작품들이요. 어릴 때는 그 안에서 정의로운 캐릭터들의 모습에 영향을 많이 받은 것 같아요. 특히나 어릴 때는 직접적인 실천을 하기가 어렵잖아요. 저는 집회나 캠페인 같은 데 참석해본 적도 없었거든요. 애니메이션 속 캐릭터들이 끝없이 도전하고 성장하는 모습을 보면서 '언젠가 나도 행동하겠다.'라는 다짐을 계속했던 것 같아요.

〈원피스〉나 〈나루토〉 같은 작품들은 사회적인 문제를 많이 다루고 있어서 현실과 맞닿아 있다는 생각도 들어요. 인간관계를

'언젠가 나도 행동하겠다.'라는 다짐을 계속했던 것 같아요.

이해하는 데도 도움이 많이 되었고요. 최애 캐릭터는 한 명만 고를 수 없어요. 캐릭터 하나보다 그들 사이의 **관계성**이 더 중요하다고 느끼거든요. 어떤 캐릭터가 다른 캐릭터를 만나면서 서로 세계가 확장되는 그 과정이 좋더라고요. 우리 사회도 결국은 관계의 총합이니까요. 사람은 독립적인 것 같아 보여도 결국 연결된 존재들이잖아요?

집회의 현장에서

한번은 경북대학교, 영남대학교, 대구가톨릭대학교 연합으로 대구경북청년대학생 시국회의를 진행할 때 사회를 맡은 적이 있었어요. 현장에서 불러 모은 사람들까지 약 200명 정도의 청년들, 학생들, 대구 시민들이 함께 해주셨는데 그때 마침 금속노조(전국금속노동조합) 노동자분들이 선전전을 하시고 오신 건지, 깃발을 들고 행진하면서 지나가고 있었거든요. 나도 모르게 마이크를 잡고 외쳤죠. "여러분, 이분들이 지금 투쟁하고 돌아오셨습니다!" 그러니까 그 자리에 있던 모두가 환호하며 박수를 보내는 거예요. 정말 묘했어요. 평소라면 외면했을 노조, 노동자분들을 청년들과 중고등학생들까지 함께 손뼉을 치면서 환영하는 모습이 너무 인상적이었어요.

또 집회에서 인상적이었던 건 각자 직접 만든 피켓을 들고 오고, 간식 꾸러미를 가져와서 주변 사람들과 나누는 모습이었어요.

집회나 시위라고 하면 거리감이 느껴질 수도 있는데, 이날만큼은 모든 경계를 넘어서는 느낌이었달까요? 핫팩을 건네고, 간식을 나누고, "이거 드실래요?"라며 다가가는 모습들…. 하나의 사회적 이슈로 연결된 사람들이 서로를 챙기는 모습이 보였어요. 나이도, 성별도, 직업도 다 다르지만 그런 벽들을 허무는 따뜻한 장면들이 인상에 깊게 남았습니다.

변화의 시작은 연결에서부터

사회를 바꾸는 일은 결국 **연결**에서 시작된다고 생각해요. 제가 원래 좀 궁금한 게 많거든요. 뭔가 이상하다고 느껴지면, 그냥 넘기질 못해요. '왜 그럴까? 어디서부터 꼬인 걸까?' 계속 캐묻게 되더라고요. 그렇게 질문을 따라가다 보면, 어느 순간 퍼즐이 맞춰지는 것처럼 뭔가가 딱 연결되는 느낌이 들 때가 있어요. 그럴 때 전율이 오듯 벅차올라요. 또 과거에 학생 운동을 했던 선배들이 열심히 투쟁해오셨던 정신이, 요즘 시대엔 제대로 이어지지 못하는 것 같아요. 열사 추모제에 가면, '이 자리에 왜 이렇게 청년들이 없을까…' 그런 안타까움도 들거든요. 저는 그러한 삶을 살았던 분들을 엄청나게 존경하고, 그 시대의 주체이자 주인공이라고 생각하는데 우리 사회는 이 사람들을 구석진 곳으로 몰아넣은 게 아닐까 하고요.

지금 청년들이 목소리 내기가 얼마나 어려운 시대인지 저는 잘 알아요. 그래서 더더욱 우리가 자유롭게 이야기할 수 있는 공론장이나, 인권 모임, 동아리, 학술 모임들이 조금씩 생겨나거나 만들어지는 걸 보면 진심으로 기뻐요. 개인적인 욕망, 나 혼자만의 성취가 아니라 우리 사회를 함께 바꿔 가는 흐름이 있다는 걸 느낄 수 있거든요. 특히 제가 교내에서 공론장을 만들겠다는 마음으로 활동을 시작하고 지금까지 이어오는 걸 볼 때도 그래요. 그 자리에 함께 있었던 후배들이 이제는 스스로 새로운 공론장을 만들고 싶어 하고, 만들 의지가 있어 보일 때, 이게 바로 변화가 시작되는 순간이구나, 느껴지는 거죠.

신뢰할 수 있는 사회를 꿈꾸며

저는 원래 타인에게 쉽게 기대거나 의지하는 성격이 아니에요. 그런데 집회 때마다 이런 경험들이 쌓이면서 저도 자연스럽게 누군가를 챙기게 되더라고요. 어느 순간 집회 중에 편의점에 가서 간식을 사 와서 나누고 있는 나 자신을 발견하기도 했어요. 익명 커뮤니티 같은 곳을 보면 '어차피 세상은 혼자다.'라는 말들이 많잖아요. 하지만 정말 그럴까요? 사실 모든 사람에게는 건강한 관계를 맺고 교류하고 싶은 사회적 욕구가 있을 텐데. 다만, 신뢰를 쌓을 기회가 부족한 거죠.

신뢰는 그냥 주어지는 게 아니라, 생각을 교류하고, 실천도 함께 해보고, 연대하면서 만들어가는 거라고 생각합니다. 제가 경험했던 집회에서의 모습들처럼요. 사회에서 살아간다는 건 결국 이런 경험을 통해 서로에게 관심을 가지는 과정이 아닐까요? 제가 꿈꾸는 사회는 **솔직함이 약점이 되지 않는 사회**예요. 요즘 사람들은 다들 앞만 보고 달려가면서도, 정작 자신의 아픔이나 고민을 드러내기 어려워하죠. 내 생각을 솔직하게 말할 수 있고, 나를 드러내도 괜찮은 사회. 신뢰할 수 있는 사회. 그게 제가 바라는 사회예요.

비관주의나 냉소주의에 빠져서

스스로 동굴에 들어갈 필요가 없더라고요.

내가 만들면 되니까.

그래서 2023년에 친구와 둘이 만들게 된 게 바로 인권 모임이에요.

누군가는 보수의 도시라 부르지만, 역사적으로 가장 진보적인 도시인 대구에서, 참지 않는 행콩이는 치열한 변화를 만들어가는 사람들을 만났다. 울산이 고향인 그는 이제 대구를 떠날 수 없다고 말하며, 애증하는 이 도시에서 스스로가 만든 연결을 확장해나가겠다고 한다. 어쩌면 그 형태는 새로운 공론장이 될 수도, 모임이나 집회가 될 수도 있다. 무엇이 되었든 참지 않는 행콩이는 신뢰할 수 있는 사회를 향해 이곳에서 만난 사람들과 함께 앞으로 나아갈 것이다.

우리가 아니면
누가 취재해

와구 집사　　　범어동 피발바닥

#기자 #대구경북 독립언론

매주 토요일마다 집회 현장으로 출근하는 이들이 있다. 이들은 집회의 시작부터 끝까지 현장의 공기를 담아내며 기록을 이어간다. 무대 밑에서 관중을 정면으로 바라보는 카메라, 집회 현장을 끊임없이 기록하는 기사들. 오늘도 현장의 중심에서 집회를 조명하고 기록하는 이들은 대구경북의 독립언론 **뉴스민**이다. 뉴스민은 매주 집회를 생중계하고, 특집기사 「**민주주의자들**」을 발행해 집회 참여자들을 인터뷰하고 있다. 이제 카메라와 기사 너머의 두 기자에게 시선을 돌려본다. 항상 누군가의 목소리를 전하던 와구 집사와 범어동 피발바닥. 이번에는 우리가 그들의 목소리에 귀 기울여 보자.

6

와구 집사 & 범어동 피발바닥과의 인터뷰

토요일 출근의 시작

범어동 피발바닥 : 저는 계엄 당일 대만에 있었어요. 여행 마지막 날이었는데, 비행기 타러 가기 직전에 마트를 들렀거든요. 그때 한국인들이 지나가면서 "야, 계엄이래!" 막 그런 얘기를 떠드는 걸 듣고, 무슨 말도 안 되는 소리지 생각했죠. 배터리가 2퍼센트 남은 휴대폰으로 검색했더니 진짜인 거예요. 그걸 보니까 한국에 돌아갈 수 있을지부터 돌아가서 어떻게 해야 할지, 우리 회사는 괜찮은 건지 걱정이 들더라고요. 돌아가면 어느 현장부터 취재를 해야 할까, 캐리어 끌고 바로 회사로 가야 하나? 별별 생각이 다 들었어요. 실제로 한국에 돌아와서 집에 캐리어만 놓고 바로 현장으로 갔죠.

12월 3일 비상계엄 터지고 모두가 그 이슈에 붙어서 취재를 했어요. 그게 지금까지 온 거거든요. 토요일 집회가 앞으로 매주 열릴 건데, 우리가 매주 토요일마다 무엇을 어떻게 기록할 것인지 생각을 했어요. 일단 우리는 무조건 생중계를 하자고 정했어요.

생중계를 한다는 건 어쨌든 누군가가 토요일마다 출근을 해야 된다는 거잖아요. 근데 그게 한 명이 할 수 있는 일이 아니거든요. 생중계에 최소한 2명이 붙어야 하고, 현장을 취재하고 기사를 쓸 1명, 카메라 들고 사진 찍을 1명이 필요해요. 결국에는 매주 토요일마다 전원 다 출근하고 있어요.

와구 집사 : 계엄 이후로 저희 전 사원이 다 현장에 가 있었어요. 12월 4일부터 서문시장에도 가고, 동대구역에도 가고. 이런 중요한 사건이 있을 때마다 저희는 항상 전력을 다해왔어요. 이번에는 집회에 가서 현장을 기록하는 데 중점을 뒀죠. 철저한 계획이 있었던 게 아니라, '일단 우리가 할 수 있는 것들을 최대한 하자'가 회사의 기조거든요. 생중계와 더불어 집회 발언자분들 인터뷰도 평일에 계속 이어 나갔어요. 그게 「민주주의자들」이라는 기획이에요. 집회 발언 시, 발언 시간이 짧잖아요. 그래서 이 사람이 왜 이런 말을 했는지, 그 맥락을 보여주고 싶다 정도로 시작했던 것 같아요. 이 사람은 이전에 어떤 문제의식을 가지고 있었고, 또 이 사람에게 비상계엄 선포는 어땠고. 이런 이야기들을 맥락적으로 풍성하게 보여주고 싶다. 그러면 바로 인터뷰하자. 그렇게 시작된 기획이 계속 이어져 온 거예요.

생중계에 최소한 2명이 붙어야 하고, 현장을 취재하고 기사를 쓸 1명, 카메라 들고 사진 찍을 1명이 필요해요.

현장에서 만난 사람들

와구 집사 : 취재 초반에 법원 쪽에서 만났던 아주머니가 기억에 남네요. 당시에 제가 누구라도 인터뷰하려고 물색하고 있는데, 60~70대로 보이는 아주머니께서 집회 행렬을 보며 크게 박수를 치고 있더라고요. 박수치면서 막 격려의 말도 외치세요. 사실 속으로 응원하더라도, 이렇게 밖으로 격하게 표현한다는 게 쉬운 일이 아니잖아요. 그래서 아주머니께 여쭤보니, 본인은 80년대 광주를 직접 겪지는 못했지만 그때 벌어졌던 일을 두고두고 아프게 기억하고 있다고 하셨어요. 그런 마음이 계속 남아 있었는데, 지금 세상에서도 계엄을 선포한다는 것 자체가 얼토당토않다는 거예요. 그런 의미에서 집회에 나가시는 분들께 지지와 환호를 섞어서 박수를 보냈던 거라고 말씀해 주셨어요. 그분 생각이 좀 나네요. 사실 집회 현장에는 정말 다양한 시민들이 나오셨거든요. 자유발언 하셨던 시민분들도 모두 다 다른 사람들이에요. 그래서 한 명 꼽을 수 없이 각자 의미 있게 기억하고 있어요.

범어동 피발바닥 : 저는 대학생들이 눈에 많이 들어오더라고요. 2017년 박근혜 퇴진 운동이 한창 진행될 때 제가 대학교 졸업반이었거든요. 그때 학교 안에서 모임을 만들어 활동하고, 동아리도 만들었어요. 그때의 기억이 많이 나더라고요. 당시 만들었던 동아리는 흐지부지 사라졌어요. 많이 아쉬웠죠. 그때 의지를 갖고 모인 사람들이 학생회 활동도 하고, 학내 민주주의 관련 활동도

하면서 더 많은 사람을 끌어왔으면 좋았을 텐데. 그 이후로 학교 안에 민주주의를 말할 수 있는 단체나 공간들이 점점 줄어든 거예요. 예를 들면 학교 교지가 문을 닫는다거나, 학생회가 계속 몇 년간 부재한다거나. 그래서 이 시국에 내가 대학생으로서 목소리를 내고, 같은 대학생들끼리 활동을 만들어 보겠다고 나오는 친구들을 보면 저는 너무 대단하다고 느껴져요.

우리가 만들어 가는 집회

범어동 피발바닥 : 「민주주의자들」이라는 기획에서 제가 인터뷰했던 분들이 주로 집회를 만드는 사람들이었어요. 저는 토요일 집회를 가면 주로 영상 생중계 보조를 맡았거든요. 보조는 생중계가 끊어지면 바로 연결할 수 있도록 대기하는 역할이에요. 그러다 행진을 시작하면 삼각대랑 가방들, 장비들을 다 챙겨서 트럭 위로 올라가야 해요. 그래서 저는 카메라가 있는 그 무대 바로 밑에 서 있거든요. 그러면 관중들을 정면에서 볼 수 있어요. 또 한편으로 무대 앞뒤에서 바쁘게 움직이며 준비하는 사람들도 볼 수 있죠. 그러다 보니 준비하는 사람들이 얼마나 고민을 많이 하는지가 보이더라고요. 이번 집회는 확실히 함께 만들어 간다는 방향인 것 같아요. 무대를 세우고 관중들이 오는 느낌이 아니라, 우리가 무대를 같이 만들고, 우리의 광장이라는 생각이 들게끔 만드시더라고요.

예를 꼽자면 대구집회에서는 시작할 때마다 **평등한 집회를**

위한 수칙을 항상 이야기하거든요. 집회라는 게 다양한 사람들이 오는 거잖아요. 집회에 나온 사람들이 어떠한 배제를 느끼지 않도록 세심하게 준비하는 측면이 있죠. 집회에서는 수화하는 분도 항상 계셨는데, 제가 물어봤어요. 이게 뒤에서는 잘 안 보일 텐데, 정말 실효성이 있는 건지 여쭤봤거든요. 그랬더니 잘 안 보이는 게 맞대요. 하지만 수화를 하는 선생님을 무조건 세운다는 의미가 하나 있고, 이게 그 어떤 누구도 배제하지 않는다는 상징이라고 말씀하시더라고요. 실제로 청각장애가 있으신 분이 발언자로 나오신 경우가 있었어요. 그래서 수화하시는 선생님이 앞에서 통역을 해주셨는데, 그 장면이 굉장히 인상 깊어서 기억이 나네요. 보는 저도 울컥했는데, 관중분들도 함께 울컥하고 계시더라고요.

다시 만난 세계

범어동 피발바닥 : 확실히 여성 비율이 높고, 젊은 여성들의 발언자 비중이 높다는 게 중요한 포인트라고 생각하거든요. 발언을 신청해서 올라온다는 건 내가 그만큼 하고 싶은 말이 있고, 평소에 억눌림 같은 게 있다는 거잖아요. 저도 30대 여성인 만큼 그들의 발언을 들으면서 공감이 되게 많이 됐어요.

특히 소녀시대의 **〈다시 만난 세계〉** 노래가 나오면 약간 울컥하더라고요. 그 노래를 들을 때마다 제가 울컥하는 구절이 다르거든요. 어떤 날은 '수많은 알 수 없는 길 속에 희미한 빛을 난

쫓아가' 부분에서 울컥했다가, 또 어떤 날은 '특별한 기적을 기다리지 마, 눈앞에선 우리의 거친 길은' 부분에서 울컥해요. 이번 탄핵 집회에서 그 노래가 갖는 의미가 분명히 있을 것 같아요.

투쟁 경험이 쌓이며

와구 집사 : 사실 과거에도 집회 참가자의 다수는 여성이었고, 청소년이었고, 학생이었어요. 그런데 과거와의 차이는 그분들이 자유롭게 이야기할 수 있게 마이크가 주어져 있고, 그게 조명되고 있다는 점인 것 같아요. 집회 발언도 굉장히 다양한 이야기가 나오거든요. 정치에 대한 이야기도 있지만, 비상계엄 선포 이전에 내가 갖고 있던 여러 가지 문제의식이 포함되어 있어요. 이 사태가 종결된 뒤에도 우리가 일상에서 해나가야 할 다양한 이야기들이 나오고 있거든요. 전에는 정권에 대한 문제를 토로하는 장이었다면, 이번에는 다양한 차별 문제나 우리 세상살이에 대해 이야기하는 장인 것 같아요. 나는 이전처럼 내가 갖고 있던 여러 가지 문제들을 참고 기다리면서 살고 싶지는 않다, 이 사태가 종결된 뒤에도 우리 일상에서 그런 이야기들을 해나가면서 해결해야 한다, 이런 다양한 이야기를 해요. 그게 이전과는 정말 다른 점인 것 같아요.

어떤 면에서는 사람들이 각자 일상에서의 투쟁 경험들이 좀 쌓이지 않았을까, 그런 생각이 들어요. 예를 들어 여러 노동 현장에서 투쟁하는 주체들이 생기고, 또 그걸 지켜보는 사람들이 생기고,

고민하는 사람들이 생기죠. 여러 재난이나 참사를 겪으면서 피해자가 생기고, 정권이나 국가에 맞서는 사람이 생기고, 연대하는 사람이 생기는 것처럼요. 그런 식으로 크고 작은 사건들이 시민들에게 민주주의란 무엇이고, 자기 권리란 무엇인가에 대해 생각할 수 있게 만들었다고 봐요.

내가 생각하는 기자란

와구 집사 : 저희는 지역 신문이라는 본질적인 정체성을 가진 매체거든요. 지역 신문의 특성과 더불어서 언제나 주류가 되지 못하는 매체라고 생각해요. 우리가 이야기하는 주요 아젠다들이 언제나 비주류고, 언제나 불편한 이야기들이거든요. 좀 마이너하다고 해야 할까요. 그런 입장에서 이야기들을 자꾸 해나가야 하는 거죠. 기자라고 하면 사람들이 생각하는 모습이 있잖아요. 저의 경우에 그냥 소식을 전하고, 기사를 써서 퍼뜨리는 그런 기자는 아니라고 생각해요. 제가 생각하는 저의 기자 정체성은 가치를 일궈 나가는 사람에 가깝거든요. 저희 매체가 중요하게 생각하는 지역성이나 노동과 같은 가치를 적극적으로 조명하고, 확산해 나가고, 그걸 아젠다로 만들고. 제가 생각하는 기자는 활동가적인 느낌이 섞여 있는 것 같아요.

범어동 피발바닥 : 아무래도 궁금한 게 많은 사람이 기자를 하는 것 같아요. 나에 대해 궁금하거나, 세상에 대해 궁금하거나, 지역에

대해서 궁금한 사람들이 기자를 해요. 기자라는 게 편하게 하려면 정말 편하게 할 수 있는 직업이거든요. 하지만 저는 하고 싶은 게 많고, 일을 많이 벌려 놓는 스타일이에요. 일을 벌리면 일단 다 해내야 하니까, 그런 원동력으로 하루하루를 살고 있어요. 좀 덧붙이자면 저는 원래 착한 사람, 나쁜 사람 그리고 내가 좋아하는 사람, 싫어하는 사람이 명확한 스타일이었거든요. 근데 기자로 일하면서 많이 바뀌었어요. 예를 들면 내가 정말 나쁜 사업주를 만나러 갔는데, 이 사람이 알고 보니까 어떤 사정이 있었고, 또 다른 부분에서는 좋은 사람인 경우도 있잖아요. 사람을 어떤 단일한 이미지로만 볼 수 없는 거예요. 이렇게 사람들의 복합적인 면들을 보게 될 때, 나의 고정관념이 깨질 때, 그때 이 직업이 진짜 멋지다는 생각이 들어요.

화가 나서 시작했고, 재밌어서 계속한다

와구 집사 : 제가 이 일을 하는 원동력에서 사명감은 거의 없어요. 재미와 분노가 대부분이에요. 제가 지역의 가치를 말했지만, 처음부터 그런 생각을 가진 건 아니었죠. 지역 문제에 대해서 점점 문제 의식을 갖고, 관심을 가진 경위들이 있거든요.

일단 그 처음이 분노였어요. 예를 들면 많은 사람이 대선이나 총선 결과만 보고 대구 경북 욕을 하잖아요. 역사적 맥락도 모르고, 지금 현실의 상황 조건도 모르는 사람들이 데이터 하나만 보고 그렇게 욕을 할 수 있다는 게 너무 화가 났어요. 사람들이 지역에 대한 이해가 전혀 없어서 그런 이야기들이 나오는 거라고 생각해요. 그래서 내가 이런 일들이 왜 벌어지는지 구구절절 설명을 해줘야겠구나, 마음을 먹었죠. 허공에 돌 던지는 것 같을지라도 내가 기사로서 계속해서 설명을 해줘야겠다. 그런 기억들이 지금까지 계속 쌓여왔던 거예요.

이번 탄핵 집회에서도 마찬가지거든요. 저희가 집회 나오시는 시민들에게 집회와 관련된 문제의식을 적어 보는 칼럼 모임을 하나 만들었어요. 그분들도 같은 이야기를 많이 해요. 다른 지역 사람들이 대구에서 열린 탄핵 반대 집회를 보며 막 욕을 해요. 대구는 계엄 해야 한다, 이런 말을 들으면 화가 나는 거죠. 왜 대구에 대해서 이런 이야기를 할까. 집회 나오시는 분들도 여기에 대해 상당히 큰 문제의식을 갖고 있어요. 아마 대한민국 사회에서 앞으로도 심화될 문제라고 생각해요. 그래서 저는 그 문제의식으로 기사를 쓰고, 이런저런 기획을 하고 있어요.

물론 분노뿐만 아니라 재미를 느낄 때도 많아요. 기자처럼 인간 군상을 다양하게 볼 수 있는 직업이 잘 없어요. 제가 입사하자마자 갔던 곳이 노조 파업 현장이었는데 단전, 단수되는 곳에서 아저씨들이랑 샤워도 못 하고 며칠씩 그렇게 같이 있었거든요. 밤에는 노조 사무실에서 손전등 켜놓고 일한 적도 있어요. 사실 일반 회사를 다니면 이렇게 가까이 현장을 마주하고 부딪힐 일이 없잖아요. 그런 것들이 저한테는 하나하나 다 재밌어요. 집회에서 촬영하고 기록하고 있을 때, 일하러 나왔다는 생각이 별로 안 들어요. 내가 일을 안 하고 집회에 참석하고 있는 기분, 사람들 발언을 귀 기울여 들으면서 내가 여기 일원이 된 것 같은 그런 기분? 그러다가 갑자기 아, 나 일하던 중이었지 하거든요.

대구에서, 대구답게, 계속해서

범어동 피발바닥 : 저는 사실 대구가 고향이 아니에요. 근데 이제는 정말 고향 같거든요. 여기서 취재 활동을 하고, 기사를 쓰고, 뉴스민이라는 좋은 회사에 있다는 게 지역의 애정을 더 갖게 해주는 힘이 되는 것 같아요. 대구에서 매년 여름 치맥 페스티벌이 열려요. 근데 그 반대편에서는 치맥 페스티벌에 반대하는 동물권, 환경단체들이 만든 N맥 페스티벌이 열리거든요. N맥 페스티벌을 꾸준히 열 수 있는 힘을 가진 도시가 대구예요. 그만큼 대구는 정말 다양하고, 운동의 역동성을 품고 있는 곳이거든요. 이렇게 독립언론이 있는 지역도 많지 않고, 대구 경북에 있는 활동가들처럼 역량 있는 곳도 적어요. 그래서 그런 부분을 저희 매체가 더 조명하려 하는 거고요. 그런 활동들이 더욱 커질 수 있도록 다양한 이야기를 전하고 싶어요.

와구 집사 : 지역의 문제들을 일반의 과제와 화두로 계속 꾸준하게 올리고 싶어요. 대표적으로 이주민 문제가 있는데, 지금 대구 경북 지역에도 이주민이 많이 계시거든요. 이 문제는 지금도 중요하고, 앞으로 한국 사회에서 점점 더 중요한 문제가 될 거라고

생각해요. 서울이나 대도시에 물리적 위치를 두고 있는 사람들, 기자들은 아마 체감을 잘 못할 거예요. 하지만 저희는 지역에 있으니 직접 체감을 하고 있잖아요. 체감하는 사람으로서, 피부에 와닿는 내 이야기를 할 수 있거든요. 이게 지역 언론의 장점이자 의미인 것 같아요.

저희를 후원하는 분들도 저희의 모든 가치 하나하나에 동의하진 않는다고 생각해요. 다 동의하지 않더라도, '대구에서 다른 결의 이야기, 불편한 이야기를 하는 언론도 하나쯤은 있어야지.' 그렇게 생각하는 분들이 저희를 지지해 주시는 것 같아요. 그래서 저희는 앞으로도 계속해서 지역의 문제들을 끌어올리고 싶어요.

와구 집사와 범어동 피발바닥은 집회 현장에 늘 함께했다. 때로는 무대 밑에서, 트럭 위에서, 시민들의 곁에서. 집회가 끝나더라도 투쟁은 계속된다. 무대가 철거되고 사람들이 흩어진 뒤에도 우리가 들어야 할 이야기들은 남아 있다. 이들은 그 목소리들을 놓치지 않고, 적극적으로 조명할 것이다. 지역의 독립언론 뉴스민은 오늘도 현장의 중심으로 향한다. 누군가의 목소리를 듣기 위해, 문제를 끌어올리기 위해, 이를 여러 사람에게 확산하기 위해.

그렇게 우리의 광장은 이어진다.

* 대구경북 독립언론 **뉴스민**의 접속 QR코드

우리는

하고 싶은 게 많거든요!

도비　　　　　진갈치　　　　복숭아 탐정

#시국선언 #고등학생

　　시국(時局)선언. 현 국가의 문제 상황에 대해 입장을 밝히는 선언이다. 계엄 이후, 대구 지역의 고등학생 24명이 세상을 향해 이 시국 선언문을 내놓았다. 스스로가 생각한 것을 알리고자 했던 그들의 목소리는 단지 현재 상황만을 담고 있지 않았다. 하고 싶은 것을 자유로이 펼칠 수 있는, 꿈이 가득한 미래를 담고 있었다. 교복을 입고 나타난 도비, 진갈치, 복숭아 탐정을 만나 학교 담장 너머의 세상을 본 그들의 이야기를 들어보자.

7

도비 & 진갈치 & 복숭아 탐정과의 인터뷰

시끄러운 주변과 어지러운 마음

진갈치 : 인스타그램에 친구들이랑 시험공부를 같이 하던 DM 방이 있었어요. 그런데 그날, 갑자기 "계엄령 터졌다." 이런 말이 올라오는 거예요. 처음엔 다들 장난인 줄 알았어요. 거짓말하지 마라, 합성 아니냐 이랬거든요. 그런데 그중에 되게 믿을 만한 친구가 "이거 진짜야." 이러니까 다들 유튜브 들어가서 검색해 보고 난리가 났죠. 처음엔 '학교 안 가려나?' 이런 생각도 했지만, 점점 상황이 심각해지니까 그때부터는 약간 무서웠어요.

복숭아 탐정 : 저는 그때 학원 갔다오는 길이었는데, 갑자기 친구한테 전화가 왔어요. 전화를 받았더니, "야! 계엄령 터졌어." 이러는 거예요. 처음엔 믿지 않았죠. 그런데 뉴스를 틀어보니 실제로 그런 말이 나오는 중이길래 너무 놀라서 주무시던 부모님도 깨웠던 기억이 나. 지인 중에 아는 언니가 있었는데, 언니 아버지께서도 군인이셨거든요. 그 언니 인스타그램 스토리에 "우리 아빠 지금 긴급 발령 받았다." 이런 소식도 올라오고. 확 실감이 났죠.

도비 : 계엄령이 터지고 나서 가장 두려웠던 건 '우리의 미래가 사라질지도 모른다는 것'이었어요. 계엄이 시행되면 언론도 통제되고 표현도 자유롭지 못하잖아요. 역사책에서만 보던 일이 실제로 일어나는 걸 직접 겪으니까, '이건 진짜 아닌 것 같다.'는 생각이 들더라고요. 무엇보다 그렇게 되면 우리가 지금 하고 있는 이 모든 일들이 무의미해질 수 있겠구나, 내가 진짜 하고 싶었던 일도 다 포기해야 할 수도 있겠다는 생각이 들어 걱정이 많았어요.

복숭아 탐정 : 맞아요. 1980년대 광주에서는 시민들이 도시 밖으로 나가지도 못하고, 완전히 갇힌 채로 민주화운동을 이어갔잖아요. 그런 상황이 다시 우리나라에서 재현된다면 어떡하지, 하는 두려움이 들었어요. 외부와의 연결이 단절되고, 서로의 상태조차 확인할 수 없는 상황이 실제로 일어날 수 있다는 게 현실처럼 느껴졌죠. 학교도 휴교령이 내려질 수 있고, 배움의 기회를 박탈당할 수 있다는 생각에 무서웠어요.

우리가 할 수 있는 것을 찾아서

도비 : 시국선언을 준비할 때는 시험 기간이었어요. 그래서 다른 학년까지 가서 동참할 사람을 찾는 게 어렵고, 눈치도 많이 보였죠. 게다가 저희 학교가 대구에서도 오랜 역사를 가진 학교라, 선생님들께서 반대하실 것 같다는 생각도 들었고요. 그래서 그냥 우리끼리, 아는 친구들, 또 아는 친구의 친구까지⋯. 조용히 도움을

받아서 인원을 모았어요.

진갈치 : 원래는 정치에 별로 관심도 없었고, 정치 얘기 자체를 좀 불편해했었어요. 그런데 이번 계엄 사태는 정치적인 걸 떠나서 대한민국 국민이라면 누구나 인지해야 할 일이라고 생각했어요. 그래서 시국 선언문을 준비할 때 인스타그램으로 연락하면서 비슷한 생각을 가진 친구들을 찾았죠. 처음에는 "나 지금 시국 선언문 쓰는데 너도 같이 쓸래?" 넌지시 이야기하고, 주변에 비슷한 생각 가진 애들 있으면 살짝 전해달라고 하는 식으로 사람을 모았어요.

복숭아 탐정 : 그렇게 대구라는 지역 안에서 고등학생 24명이 모여서 시국선언을 했고, X(구. 트위터)에 업로드 하며 생각보다 많은 분께 공감과 응원을 받았어요. 너무 놀랍고, 감동이었죠. '우리의 작은 바람과 의견이 전국으로 퍼질 수도 있구나.' 하는 생각이 들었고요. 무엇보다 '우리도 민주적인 의견을 낼 수 있는 미래 시민이다.' 하는 자각이 생기면서 설레는 마음도 컸어요.

계엄령이 터지고 나서 가장 두려웠던 건

'우리의 미래가 사라질지도 모른다는 것'이었어요.

"나 지금 시국 선언문 쓰는데 너도 같이 쓸래?"

시국선언 직후의 이야기

진갈치 : 처음에는 이 정도로 확산될 줄 몰랐어요. 단순히 우리 생각을 표현하는 것뿐이라고 생각했거든요. 확산되다 보니 결국에는 뉴스에도 나오고, 포털사이트 기사에도 나오게 됐어요. 댓글에 욕도 많더라고요. '이건 선생님들이 아무것도 모르는 학생들 시킨 거다.'라든지, '너희는 창피한 줄 알아라.' 같은 말도 안 되는 의심과 비난들…. 욕이 너무 많아서 '하지 말 걸 그랬나' 생각했던 순간도 있어요. 이름과 학교가 모두 밝혀져 있으니, 누군가 그걸 보고 직접 찾아오진 않을까 걱정도 했고요. 성희롱성 댓글도 있어서 손이 바들바들 떨릴 정도로 무서웠거든요. 부모님께서도 제가 그런 일에 휘말리는 걸 별로 안 좋아하셨어요. 이름까지 다 공개가 돼버리다 보니까, 처음엔 좀 불편해하셨죠. 그런데 이건 제 일이었고, 제 의견이었기 때문에, 시간이 지나고 나서는 결국 이해해주셨어요. 또 친언니나 주변 어른들이 "너 맞는 행동 한 거야.", "이건 정치 문제가 아니라 상식의 문제야."라고 계속 응원해주셔서 그때부터는 점점 당당해졌어요. 정말로 그 선언문은 우리들의 생각과 의견이었으니까요. 탄핵도 이루어졌잖아요. 저희에게 틀렸다고, 탄핵은 절대 안 된다고 했던 사람들에게 이제는 말하고 싶어요. 결국 우리가 맞았다고.

전 정치적인 관점이나 정당만으로 판단하면 안 된다고 생각해요. 사람을 먼저 보고, 잘못된 행동은 잘못됐다고 말할 수 있어야 하는 거잖아요. 그런데 댓글을 단 분들 중에는 아무리 봐도 잘못된 일인데 그걸 아니라고 주장하는 분들이 있었어요. "너희가 어려서 모르는 거다."라는 말도 많았지만, 저희는 시국 선언문을 올리기 전에 더 많이 조사하고, 주변 의견도 받아봤어요. 그냥 단순한 감정이 아니었다는 걸 꼭 말하고 싶어요. 지역 분위기나 정치 성향을 떠나, 옳고 그름은 제대로 봐야 하지 않을까요?

도비 : 할아버지, 할머니가 5·18 광주 민주화 운동을 겪으셨던 세대라서 그런지, 혹여나 제가 다칠까 봐 걱정을 많이 하셨어요. 그 외에 별다른 반대는 없으셨고요. 시국 선언문을 올리고 나서는, 선생님 몇 분이 "이건 너희가 판단할 게 아니라 헌법재판소가 판단할 문제다. 학교 이름이 들어가면 학교는 어떻게 되겠냐."며 다그치신 적은 있어요. 틀린 말은 아니었지만, 처음엔 꽤 위축됐어요. 그냥 지나가는 선생님의 눈빛조차 신경 쓰이고, 괜히 교실 밖에도 잘 못 나가고요. 근데 몇몇 선생님께서는 저를 따로 불러서 "너 진짜 잘했다."라고 지지해주시고 계속 응원해주셨어요. 아마 제가 위축된 걸 알아채고 그러셨겠지만, 결국 세상에는 좋은 어른들이 더 많다는 걸 느꼈어요.

복숭아 탐정 : 저는 혹시라도 주변 지인들이 피해를 볼까 봐, 인스타그램 계정을 닫기도 했어요. 댓글에 '교사가 시켰다.', '잘못된 문화에 물든 애들이다.' 같은 말들이 너무 많았거든요. 그건 진짜 저희의 확고한 판단으로 낸 우리들의 목소리였는데, 알지도 못하면서

그런 얘기들을 하는 걸 보니까…. 참 억울했죠.

고등학생인 제가 정치와 법 수업을 들으면서도 이해할 수 있는 걸, 어른들이 모른다는 사실이 너무 충격이었어요. 지금도 관련 후속 기사들이 계속 나오고 있는데, 탄핵이 이루어졌다고 해서 관심을 끄지 않았으면 좋겠어요. 이후의 상황도 끝까지 지켜봐야 하니까요.

용기 있는 선빵

복숭아 탐정 : 제가 시국 선언문을 인스타그램에 올렸을 때, 다른 학교에 다니는 친구가 시국선언 과정을 자세히 물어본 적이 있어요. 어떻게 사람을 모으고, 어떻게 작성해서, 어떻게 발표했는지. 다음 날, 그 친구 학교에서도 바로 시국 선언문이 발표됐어요. 참여한 친구들도 엄청 많았는데, 크게 알려지지 않아 내심 아쉬워요.

아무튼 제가 시국 선언문을 SNS에 올린 것만으로도 다른 학생들에게 자극을 주고, 좋은 영향을 끼쳐서 새로운 시국 선언문이 발표된 게 신기했어요. 또 제가 1년 뒤면 선거에 참여할 수 있는데, 선거를 하기 전에 예비 시민이 된 것 같아 큰 의미가 있었어요.

도비 : 개인적으로 저는 사회나 정치에 전보다 더 많은 관심을 가지게 됐어요. 관련된 정보들을 더 깊게 찾아보게 됐고요. 알고리즘에도 그런 정보들이 계속 뜨니까 더 파고들게 되더라고요. 그리고 진짜 확실하게 느꼈어요. '한 나라의 지도자나 어떤 공동체의

대표를 뽑을 땐 정말 잘 뽑아야 하는구나.' 하고요. 또 저희가 직접 집회를 나가본 경험은 없지만, 시국선언을 하고 나서 X를 통해 저희 학교 졸업생 선배님이 커피 쿠폰을 보내 주셨어요. 그런데 이걸 우리끼리 나누기보다는, 선배님 이름으로 집회 때 선결제를 진행하면 어떻겠냐는 의견이 나와서 그렇게 진행했어요. 집회에 나가진 않았어도 다들 마음으로는 그렇게 동참했던 것 같아요.

진갈치 : 저도 다른 학교로 전학 간 친구가 따로 연락이 와서, 어떻게 시국 선언문을 썼는지, 쓰게 된 계기나 주의사항 같은 조언을 구하더라고요. 저희가 바랐던 건, '대구에서도 이런 목소리를 낼 수 있다는 것'과 '청소년들이 자유롭게 목소리를 낼 수 있는 세상'이었어요. 아시다시피 대구 안에서 아무리 이야기해도, 바깥으로 크게 잘 퍼지지 않잖아요. 그래서 저희가 선빵을 쳐서, 욕을 먹더라도 방패 역할을 해보자고 이야기했어요. 그래야 뒤에 외치는 친구들은 좀 더 편하게 말할 수 있을 테니까요.

미래를 그리는 나

진갈치 : 저는 수산생명의학과에 가고 싶어요. 어릴 때부터 물고기를 정말 좋아했는데, 중학교 2학년 때 키우던 물고기가 병이 든 거예요. 처음에는 어떻게 고쳐야 할지 몰라서 계속 죽이기만 하다가 나중에 고치는 방법을 알게 되고, 실제로 살린 적이 있어요. 출산 때는 배가 막히는 걸 제왕절개로 도와줬더니 또 살더라고요. 어머니께서 늘

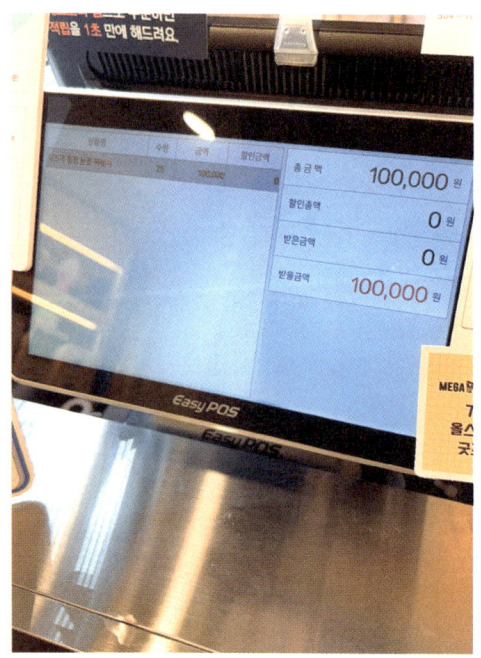

저희가 바랐던 건, '대구에서도 이런 목소리를 낼 수 있다는 것'과 '청소년들이 자유롭게 목소리를 낼 수 있는 세상'이었어요.

저에게 "희열을 느끼는 일을 해라."라고 말씀하셨는데, 그때 그 말이 딱 떠오르면서 '아, 나는 이 일을 해야겠구나.'라고 느꼈어요.

도비 : 저는 교육 쪽으로 진로를 가지고 싶어요. 멋진 어른이 되어서 믿을 수 있는 선생님, 학생들과 함께 성장하는 선생님이 되고 싶습니다.

복숭아 탐정 : 저는 초등학생 때 박근혜 전 대통령 파면 과정을 지켜보면서, 시민의 힘으로 대통령을 바꿀 수 있다는 것에 깊은 감명을 받았어요. 그 영향 때문인지 초등학생 때부터 고1까지 진로가 계속 정치부 기자였는데요. 시간이 지나면서 세상을 직접 바꾸는 사람이 되고 싶다고 생각하게 됐어요. 그러면 좀 더 깊이 들어가야겠다 싶어서 현재는 정치인 쪽으로 진로를 바꾸게 됐습니다.

그리고 또 다른 미래를 그리는 당신에게

복숭아 탐정 : 어린 친구들에게 메인 언론사의 이야기들은 꼭 경계하라고 말해주고 싶어요. 편향된 시선을 갖지 않고, 스스로 사고하는 태도가 중요하다고 생각해요. 저는 X 같은 곳에서 정보를 처음 접하더라도, 다른 채널로 한 번 더 확인해 보는 경우가 많아요. 단순히 하나의 플랫폼만 보는 건 위험할 수 있으니까요.

진갈치 : 저는 원래 어른들을 무조건 믿었던 것 같아요. '어른들이라면 일리가 있겠지.'라는 생각이었죠. 그런데 시국선언

이후에 수많은 반응, 댓글들을 보면서, 어른들도 다 옳은 건 아니라는 걸 깨달았어요. 학생들이 뭘 아냐, 어린애들이 뭘 할 수 있냐는 말들, 그건 틀린 말이에요. 어려도 충분히 생각이 있고, 때로는 어른들보다 더 올바른 시선을 가질 수 있거든요. 그래서 어른들 말에 너무 의존하지 말고, 자기 생각이 옳다고 느껴지면 언제든 목소리를 내도 된다고 말해주고 싶어요.

도비 : 저는 아직 생일이 지나지 않아서 투표를 못 하지만, 곧 친구들도 하나둘씩 투표를 할 수 있게 되잖아요. 앞으로는 어른들만이 세상을 만드는 게 아니라, 저희도 직접 보고 판단하고 선택하는 시대가 올 거예요. 그만큼 비판도 하고, 지지도 하되, 한쪽으로 치우치지 않는 중립적인 시선을 유지하는 게 중요하다고 생각해요. 요즘 고등학생들은 빠르게 정보를 습득할 수 있는 X를 많이 사용하는 것 같아요. 그런데 거기는 정보가 너무 많잖아요. 아무래도 걸러서 볼 줄 아는 판단력이 더욱 중요하다고 생각해요. 재차 확인하는 습관도 필요하고요. 정보도 빠르고 갈등도 많은 시대이기 때문에, 중심을 잘 잡는 태도를 갖고 세상을 바라보았으면 좋겠습니다.

태어나고 자란 나의 도시

복숭아 탐정 : 저는 대구가 좋아요. 대구는 제가 태어나고 자란 곳이자, 좋은 추억이 많은 도시거든요. 그런데 원체 땅이 뜨겁고 사람들도 열정적이다 보니까 분위기가 다소 빨갛게 물든 것 같아요. 사실 예전에는 대구, 하면 가장 진보적인 도시였다고 하더라고요. 혁명적이고, 학생이나 활동가들의 움직임이 강했던 지역이라고 알고 있었는데 어느 순간부터 이렇게 보수화가 된 건지 궁금하기도 합니다.

진갈치 : 저도 대구에서 자랐고, 살고 있으니까 대구에 대한 애정이 많아요. 제가 사랑하고 좋아하는 친구들도 여기 다 있고요. 그래서 더욱 바라는 건, 대구가 그저 보수적이라는 이미지가 빨리 사라졌으면 좋겠다는 거예요. 사람마다 정치 성향은 다를 수 있는데, '대구인데 왜 진보를 지지하냐?'는 식의 강박적인 시선은 정말 불필요하다고 생각해요. 개인 소견에 따라 특정 정당을 지지하는 거지, 그게 꼭 이 도시의 색깔이 되어야 할 필요는 없잖아요?

도비 : 저도 마찬가지예요. 특히 저희 학교에는 만세운동을 했던 선배님들도 계셨고, 그분들의 희생을 알기 때문에 대구에 대한 애정을 더 가지고 있는 것 같아요. 독립운동과 감히 비교할 순 없겠지만, 저희도 같은 마음으로 함께 행동한 거니까요.

이제는 교복을 벗고 앞으로 나아갈,

그들이 그려갈 세상을 기대해 본다.

'우리가 나서야겠다.' 생각했던 그때의 마음을 다시 한번 상기할 수 있게 해주어 감사하다고 말하던 도비와, 미래 시민이 된 것 같아 설렌다는 복숭아 탐정, 또 그때의 선언이 누군가 종용한 것이 아닌 당당한 자신들의 의견이었다고 말할 수 있어서 좋았다는 진갈치. 인터뷰 소감마저 그들은 단순히 학생이라는 틀에 갇혀있지 않았다. 우리 사회의 중요한 일원으로서, 주체적으로 판단하며 자신의 행동에 책임을 질 줄 아는 **한 명 한 명의 시민**이었다.

화
염
병
에
서

응원봉으로

쓰지 않는 꽃병

#운동권 #1987

옛날에는 화염병을 꽃병이라고 불렀다. 화염병에서 피어오르는 불꽃이 마치 꽃 모양 같아서 붙여진 이름이라고 한다. 쓰지 않는 꽃병은 한때 화염병을 쥐고 거리에 나선 사람이다. 그는 1987년 6월에도, 2024년 12월에도 대구의 거리에 있었다. 화염병이 촛불로 바뀌고, 촛불이 응원봉으로 바뀌는 동안 그에게도 많은 변화가 있었다. 그러나 시간이 흘러도 변치 않은 것은 그가 매번 거리에 나왔다는 사실. 그때부터 지금까지 그를 움직이게 만드는 힘은 무엇일까? 쓰지 않는 꽃병의 마음속 깊숙한 이야기를 꺼내본다.

8
쓰지 않는 꽃병과의 인터뷰

다시 거리로 나서며

이번 집회는 꼭 나가야겠다고 생각했습니다. 솔직히 답답하고, 무력감이 많이 들었거든요. 설마 계엄이 현실이 되겠냐 싶었는데, 그게 진짜로 벌어지다니 믿기지 않았어요. 그 순간 제일 먼저 떠오른 게 87년 6월 항쟁이었습니다. 제가 그때 거리에 나섰던 청년이었거든요. 소위 말하는 화염병과 짱돌을 들고 싸우던 시절이었죠. 그때의 현장이 확 떠오르더라고요. 87년 이후로 우리나라가 많이 변했다고 생각했는데, 이번 상황을 보면서 '이 정도밖에 안 되나?' 싶었어요. 그때 그렇게 피와 땀을 흘리며 싸웠는데, 과연 무엇이 달라진 걸까? 이런 생각이 머릿속을 떠나지 않았습니다.

87년도에는 제가 청년이었지만, 지금은 어른이 되었잖아요. 30년이 넘는 세월 속에서 이제는 어른으로서 해야 할 역할이 있다는 생각이 들었어요. 또 어떻게 보면 인생을 먼저 살아가는 선배로서 이런 사회를 만들었다는 것에 대한 부채 의식, 책임감도 느껴졌고요. 그래서 가만히 있을 순 없었어요. 가만히 있으면 나 스스로도 견디지 못할 것 같았거든요.

사실 그냥 지켜보기만 할 수도 있잖아요. 예전에도 주위에서 "네가 아니어도 나갈 사람 많다.", "가만히 있어도 된다." 이런 얘기를 많이 들었어요. 그럼에도 불구하고 제가 왜 거리로 나섰는지 생각해 보면, 이게 단순히 정치적인 문제가 아니라고 여겨지거든요. 이런 상황이 벌어진 데는 정치인들만의 문제가 아니라, 우리 시민들에게도 책임이 있다고 생각합니다. 우리는 그동안 시민으로서 어떤 역할을 했는지, 각자의 몫을 다했는지 되돌아보게 되는 거죠. 이런 생각을 하다 보니 거리를 외면할 수가 없더라고요.

필사적인 몸부림

제가 경험했던 집회는 지금과 전혀 다른 모습이었습니다. 그때는 울분을 터뜨리는 모습이었죠. 실제로 그 시절에는 투신이나 분신도 빈번했습니다. 경찰들은 철모를 쓰고, 땅에서부터 허리까지 오는 곤봉을 들고 다녔어요. 우리는 그걸 막기 위해서, 화염병과 짱돌을 던졌습니다. 5m 단위로 화염병을 쭉 놔두고, 후퇴하면서 잡아 던졌죠. 짱돌은 그냥 길에서 주운 돌이 아니라, 보도블록을 깨서 만든 거예요. 따닥따닥 붙어 있는 보도블록을 파내서 부수는 거죠. 전봇대나 가로수 근처의 블록은 잘 파지거든요. 그 주위를 파서, 보도블록을 빼내는 거예요. 당시 보도블록은 네모난 형태라 쉽게 부서지지도 않았습니다. 이걸 그냥 깨선 안 되고, 보도블록 전체가 바닥에 닿도록 깨야 해요. 그래야 주먹만 한 짱돌들이 생깁니다. 그 짱돌을 던지며 후퇴하는 거예요. 앞에서는 경찰들이 밀고 들어오고, 최루탄과 물대포가 쏟아졌죠. 솔직히 화염병이나 짱돌로는 절대 못 막습니다. 그저 대열이 빠르게 도망갈 시간을 벌기 위한 필사적인 몸부림이었어요.

그때 경찰들은 차에서 **지랄탄**이라는 걸 쐈습니다. 빙글빙글 돌면서 멀리까지 날아오는 다연발최루탄이에요. 눈이 따갑고 구토가 나올 정도로 고통스럽거든요. 그게 수십 대 날아오니까, 눈을 제대로 뜰 수가 없었습니다. 앞이 안 보여도 옆 사람 붙잡고 도망가야 했어요. 그 사람이 경찰인지 동료인지도 모르고 그냥 뛰는 거죠. 미장원에서 하얀 손수건을 막 뿌려준 것도 기억나요. 손수건으로 얼굴을 가리고, 코와 입을 막는 데 썼어요. 당시에 랩이라는 게 나온 지 얼마 안 됐을 때거든요. 눈 따갑지 말라고 랩을 눈에다 붙이기도 했어요. 코 밑에 치약을 바르면 덜 따갑다는 말이 있어서, 다들 코 밑이 하얗고 그랬죠. 지금 생각하니 더 따가울 것 같긴 하지만, 그때는 그게 최선이었습니다.

87년도의 대구 집회

요즘 대구 집회는 한일극장 앞에서 열리지만, 그때는 여러 군데에서 했습니다. 대중교통이 많지 않았고, 수많은 인원이 모이면 너무 드러나잖아요. 그래서 일단은 경북대학교에서 많이 모였어요. 경북대학교 학생회관 쪽에 야외 공연장이 있었어요. 저희끼리는 야공이라고 불렀는데, 거기 모여서 출발하는 거예요. 다음 장소를 정할 때, 마이크 잡고 얘기 안 합니다. 각 학교에 사법 경찰들이 깔려 있었으니까요. 운동권 학생 한 명을 잡고, "정보를 빼 오면 너는 살려주겠다." 해서 프락치도 많았고요. 워낙 경찰이랑 프락치들이 많으니까, 각 단위 조직의 핵심 인사들에게만 얘기해요. 우리는 다음 집회 장소를 **택**이라고 불렀거든요. 예를 들면 1차 택이 교동시장*이라고 해볼게요. 교동시장에서 집회하는 걸 경찰들이 눈치챘다 싶으면, 2차 택으로 이동하는 거예요. 그게 한일극장 사거리, 중앙파출소, 명덕로타리,* 이런 식으로 이어졌습니다. 그땐 경찰이 많으니까 구호도 크게 외치지 못했어요. 괜히 목소리 크게 냈다가 바로 찍혀서 끌려가니까요.

저도 경찰들 피해서 도망을 많이 다녔죠. 한 번은 칠성시장 안으로 도망가서, 정신없이 상가를 뛰어다녔어요. 그때 상가 하나가 셔터를 막 내리고 있었는데, 제가 그 틈으로 들어간 거예요. 제가 안으로 들어가고 나서, 아주머니가 바로 셔터 문을 닫아줬어요. 밖에서는 경찰들이 막 문 열라고 하는데, 아주머니가 "아무도 없어요!" 하고 끝까지 안 열어줬던 적이 있어요.

한번은 백골단들에게 쫓겨도 봤습니다. 당시 흰 헬멧을 쓴 사복경찰을 백골단이라고 불렀어요. 보통 조그만 방패에 짧은

군봉을 들고, 청자켓이랑 청바지를 입고 있거든요. 백골단은 한 사람을 찍으면 끝까지 쫓아가요. 그래서 저도 한일극장 사거리에서 서문시장까지 죽자 살자 뛰어서 도망갔던 적이 있어요. 지금 생각하면 젊었기 때문에 가능했죠. 그때는 정말 목숨도 각오하고 나갔던 것 같아요.

*   **교동시장**은 대구광역시 중구 교동에 있는 전통시장. 1970~1980년대에는 전자·전기·의류·음식·귀금속 등을 판매하며 많은 사람이 오고 갔다.

*   **명덕로타리**는 대구광역시 중구 남산동에 있는 네거리이다. 당시 명덕로타리에는 2·28 학생의거 기념탑이 위치했다. 1961년 4월 10일 2·28민주운동 당시 학생들이 반월당으로 가기 위하여 명덕로타리를 지났기 때문이다. 현재는 교통 체증과 관리 문제로 두류공원 내에 이전하였다.

이걸 어떻게 나라라고 할 수 있나

내가 85년, 86년도쯤에 5·18 광주 민주화 운동에 대한 다큐멘터리 비디오를 봤어요. 독일에서 만든 다큐멘터리였는데, 그걸 몰래 들여와서 지하에서 복사하고 전국에 퍼뜨렸죠. 그 비디오는 지금 유튜브에서도 자세하게 안 나온 게 많아요. 당시 상황이 적나라하게 다 나와 있거든요. 군인들이 시체를 잡고 질질 끌고 가는 장면, 얼굴이 뭉개진 시신들…. 그걸 보고 나면 가만히 있을 수가 없어요. 이걸 어떻게 나라라고 할 수 있나. 이번에도 거리로 안 나가지는 않았을 거예요. 솔직히 인간적으로는 또 나가기 싫죠. 겁도 나고, 어떻게 될지 모르잖아요. 그때는 젊었지만, '지금은 나이가 60이 다 되어가는데 몸이 따를까?' 별별 생각이 다 드는 거죠. 그래도 안 나가지는 않았을 거예요. 그때나 지금이나, 안 나갈 순 없었습니다.

우리 할 수 있어, 힘내보자

그래서 저는 한 달에 한두 번 정도는 서울 집회에 참여했습니다. 개인적으로 국회 앞에서 의지를 확실히 보여줄 필요가 있다고 생각했었거든요. 평일이나 서울에 가지 않는 주말은 대구 집회에 갔고요. 탄핵소추안이 부결된 날, 국회 앞에 있었어요. 그땐 정말 무력감이 들고, 입에서는 욕이 맴돌더라고요. 근데 여의도 공원쯤 갔을 때, 젊은 친구들이 자기들끼리 떠들면서 노래를 부르고 있어요. 처음 든 생각이 '쟤들은 항의하러 집회에 온 건데, 왜 저러지?' 이거였어요.

노래가 커다랗게 나오는데, 저는 다 처음 듣는 노래였거든요. 그러다 곰곰이 들어보니까 노래들의 가사가 다 '우리는 지치지 않는다. 우리는 끈질기다.' 그런 내용이더라고요. 순간 망치로 머리를 탕 맞은 느낌이었어요.

    젊은 친구들이 우리는 지치지 않는다고 노래로, 몸으로 나타내는 걸 보니 뭐라 그럴까요? 온몸에 전율이 쫙 올라오면서 되게 충격이었어요. 그리고 처음에 부정적인 시선으로 봤던 게 굉장히 미안했어요. 사람이 너무 많아서 울지는 않았지만, 정말 눈물이 글썽해지더라고요. 제가 경험했던 집회는 울분을 터뜨리고 욕하는 게 전부였는데, 이 친구들은 노래로 힘을 내고 있었습니다. 그래서 이번 집회가 정말 스산한 충격으로 오는 거예요. '우리 할 수 있어. 힘내보자.' 이걸 그들만의 언어로 나타낸 거잖아요. 그게 되게 신선하게 다가왔어요.

이 깃발을 보고 '나도 한번 만들어볼까?' 생각했었어요.

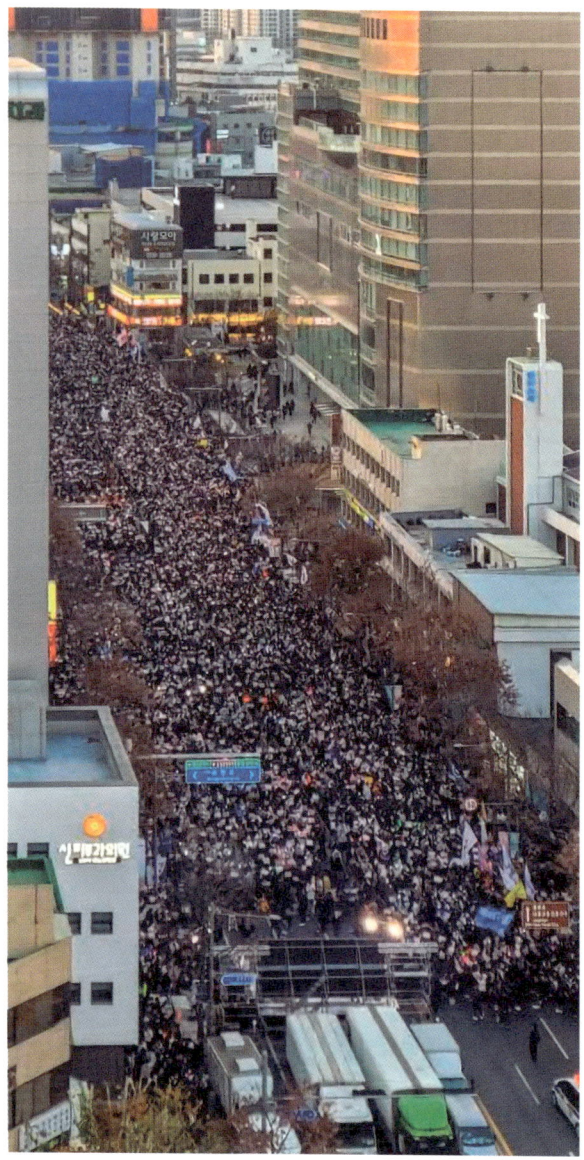

24년의 대구를 보며

　이번 대구 집회에서 놀란 건 의외로 중학생, 고등학생들이 많았다는 거예요. 제가 뒤쪽에 앉아 있었는데, 옆에 여학생들이 앉더라고요. 그중 한 친구가 양손에 피켓을 들고, 큰 소리로 구호를 외치는 겁니다. 그 목소리가 굉장히 컸어요. 그렇게 크게 외치니까, 주위에서도 목소리가 점점 커지는 거예요. 이 분위기가 뒤에서부터 앞까지 훅 넘어가더라고요. 그랬더니 뒤에도 대열이 점점 붙어요. 그걸 보는데 재밌기도 하고, 든든하다는 생각이 들었어요. 그 친구가 시작한 작은 외침이 앞으로 막 퍼져나가는 게 눈에 보였기 때문에, 기성세대인 나도 생각이 많이 변한 것 같아요. 이렇게 젊은 친구들이 나와서 함께 행진하고, 저들이 느끼는 바를 행동으로 옮길 수 있다는 것이 참 감사했습니다.

　이 과정도 하나의 변화이고, 발전일 거예요. 젊은 친구들에게는 이 경험이 아마 평생을 갈 거라고 생각해요. 내가 87년도를 겪었던 그 힘으로 여기에 나온 것처럼, 그 친구들도 이게 사라지지 않을 거라는 거죠. 그 힘이 각자의 삶에서 큰 동력이 되지 않을까. 특히 민주주의 발전에 큰 동력이 될 거라고 믿어 의심치 않아요. 87년도 6월에 내가 청년으로서 느꼈던 것들을 이 친구들도 느끼겠구나. 그래서 아직까지 우리나라는 괜찮겠구나. 이 친구들이 앞으로 사회를 이끌어 나갈 수 있겠다, 민주주의를 이끌어 나갈 수 있겠다는 걸 느꼈어요.

성숙해진 시민, 멈춰 선 정치

　노상원의 수첩에서 수거 대상으로 많은 사람이 지목되었잖아요. 거기 보면 대학생들이 없어요. 옛날에는 주로 총학생회가 블랙리스트 명단에 많았거든요. 학생들이 주도해서 시민들을 끌고 나왔으니까요. 그래서 블랙리스트의 명단과 광장에 나온 주체가 동일했어요. 하지만 지금은 아니잖아요. 시민들이 자발적으로, 자체적으로 나오는 거예요. 내가 타깃이 아니더라도, 이게 잘못되었으니까 광장에 나온 거죠. 저는 시민들이 이만큼 나올 거라곤 정말 상상도 못 했어요. 그런 부분에서 우리나라 전반적으로 시민들의 성숙도나 민주주의적 열망에 대한 접근이 많이 달라진 것 같아요. 이 부분에 대해서는 정치권이나 행정이 시민들의 의식을 따라오지 못하고 있어요. 개인적으로는 모든 정당이 시민들이 추구하는 정치의 모습이나 민주주의의 모습들을 이루기에 수준이 낮다고 봅니다. 자기들이 실수한 건 정확히 실수했다고 말하고, 방향성을 또 다르게 제시해 주고, 그렇게 해도 되는 시기라고 생각해요. 하지만 지금은 주도하기보다는 해석하기에 바쁜 것 같아요. 지금 정치권은 자기들의 기득권을 놓치지 않기 위해서만 애쓰잖아요.

　87년에도 그렇고, 많은 역사적 사건을 우리가 정확하게 끄집어내지 않고 넘어갔거든요. 끄집어낸다고 하면, 막 헤집고 파헤친다는 느낌으로 부정적으로 받아들이더라고요. 하지만 불편하더라도 끄집어내고, 헤집어서 정확하게 따져봐야 한다고 생각해요. 그래야만 우리가 실수를 반복하지 않을 거예요. 이 정도면 되겠지, 해서 적당히 타협해 왔잖아요. 87년도에도 적당히 넘어갔기 때문에 이번에도 이런 일이 생기지 않았나 생각이 들어요. 그래서 이번에는 정확하게 끄집어내면 좋겠다. 우리가 정확하게 바라보지 않고 묻고 갈까 봐 두려워요. 사회 전반적으로 '이 정도는 괜찮아. 이 정도는 해도 돼.'라는 게 국민에게 녹아들까 봐요. 그러다 보면 우리도 그렇고, 젊은 세대들도, 자손들도 적당한 부패에 익숙해질 것 같아요. 그래서 이번만큼은 제발 좀 정확했으면 좋겠다는 생각이 많이 듭니다.

희망은 우리 안에

우리가 계엄부터 탄핵까지 많은 사건을 몇 달간 겪었잖아요. 이런 시대를 살아가는 사람들은 10대가 되든 20대가 되든 50대가 되든 절망의 시대라고 느낄 겁니다. 저도 그렇게 느꼈고요. 하지만 그렇다고 해서 그 속에서 희망을 잃을 순 없거든요. 저는 이번 집회를 통해 희망이 멀리 있지 않다는 생각이 들었어요. 선결제라든가 나눔이라는 문화도 그렇고, 시민들이 각자의 자리에서 자기가 할 수 있는 일을 했잖아요. 우리는 지금 무언가를 하고 있다는 게 확실히 눈에 보였던 것 같아요. 각자의 자리에서 외면하지 않은 것만으로도 우리는 무언가를 하고 있어요. 그리고 그게 점점 모여서 큰 힘으로 이어질 거라고 믿습니다.

마지막으로 모두에게 말하고 싶습니다. "절망의 시대를 살고 있지만, 희망을 잃지 맙시다." 누구든 계속 절망에 빠져들고 싶진 않을 거예요. 저는 많은 시민이 각자의 역할을 하는 모습을 현장에서 보면서, 희망을 느꼈어요. 결국 희망은 우리 안에 있구나. 희망을 느끼기 위해서는 우리가 함께해야 하고, 연대해야 하는구나. 무엇보다 제가 느낀 이런 것들을 이번에 전 세대가 느꼈다고 생각해요. **나만이 아니구나.** 그걸 느끼며 함께 나아갈 때, 진정한 희망이 될 겁니다.

희망을 느꼈어요.

결국 희망은 우리 안에 있구나.

희망을 느끼기 위해서는 우리가 함께해야 하고, 연대해야 하는구나.

절망의 시대를 살고 있지만, 희망을 잃지 맙시다.

과거의 꽃병은 향기 대신 분노와 절박함을 품고 있었다. 손에는 화염병과 짱돌을 쥐고, 최루탄 연기에 콜록대곤 했다. 30년이 훌쩍 지난 지금, 그는 또 다른 거리 위에 있다. 분노와 절박함 대신, 각자의 방식으로 목소리를 내며 연대하는 이들과 함께 서 있다. 절망의 시대인 줄 알았건만, 이들을 보고 있자니 새로운 희망이 보인다. 나만이 아니구나.

화염병의 불꽃은 사라지지 않았다. 분노로 내던진 불꽃은 이제 희망을 밝히는 불꽃이 되었다. 그가 지켜온 거리 위에서, 우리는 새로운 길을 함께 그려나갈 것이다.

후일담

"왜 나왔겠노?"
우린 그들의 동기를 묻고 싶었고,
각자의 삶에서 비롯된
개인의 이야기를 담아
이 책을 출판하게 되었다.

후일담 1.
왜 나왔겠노?

누군가를 처음 알아갈 때 첫인상이 무엇보다 중요하듯, 어떤 책을 처음 알아갈 때 제목을 중요시하는 편이다. 그렇기에 이번 집회 책자의 제목이 무엇보다 중요했다. 수많은 브레인스토밍 회의를 거치며 우리가 고려했던 지점은 다음과 같다.

① 상투적이지 않을 것. 대구에서 일어난 탄핵찬성집회. 그 자체로 어떤 큰 의미를 지닌다고 생각했다. 어떠한 프레임에도 갇히지 않은, 따분하지 않은 이름이었으면 좋겠다고 생각했다. ② 우리의 메시지를 담을 것. 그놈의 지긋지긋한 **보수의 심장** 대구! 이곳에서 일어나는 일부 목소리가 상대적으로 조명받지 못한다는 것에 대한 아쉬움이 늘 있었다. *왜 맨날 기자님들은 서문시장 가서 상인분들한테 누군가의 편을 드는 듯한 뉘앙스로 인터뷰해달라고 의도적으로 부탁하시는 건가요? 우리 대구… 여기도 목소리 내는 사람이 있습니다. 탄핵이 있기까지 일어난 수많은 민주주의 물결과 응원봉의 불빛. 거기에 대구도 있었습니다. 우리도 끼워줘요…* 라는 다소 유치한 마음으로 제안한 몇 개의 제목들이 있다.

또한 우리는 이 책이 너무 편향되지는 않았으면 하는 바람이 있었다. 단순히 **탄핵찬성집회** 현장만을 다뤘다고 하기에는 이 책에

실린 이들의 이야기 하나하나가 각자의 고유함으로 생생하게 살아 움직이고 빛난다. 집회 참여, 그 너머에 있는 이야기를 담아내고자 했다. 어쩌다 거리로 나오게 되었는지, 왜 나왔는지, 어떤 마음으로 나왔는지. 아무도 묻지 않았던 그들의 동기를 우리가 묻고 싶었다. 그리하여 최종 채택된 제목은 『왜 나왔겠노?』. 여러분의 시선을 충분히 끌었는지? 제목을 보고 피어올랐을 관심에 이 책의 내용이 충분한 응답이 되었길 바란다.

난동대구(暖動,亂冬) / 대구, 대답! / 콘크리트 박살사건 / 그럼에도 대구하고 / 대구 대신 전해드립니다. / 말 쫌 해 보이소 / 심장박동 정지사건 / 등 터진 대구 / 대프리카에도 비가 올까요..? / 대구만 생각하면 속이 답답해지시는 분들 이 책 좀 읽어보세요.. / 뚫어뻥 대구 / 민주주의 급행열차 / 여기.. 사람있어요.. / 여기.. 집회.있어요.. / 탄핵.. 대구도 끼워줘요 / 대구집회대백과 / 저항대구 / 반골대구 / 대구스캔들 / 대구의 힘 / 가장 보통의 대구 / 그들은 끄덕이고 우리는 걷어찼네 / 우리는 지키고 싶었던 것이 달랐네 / 작은 바람에도 / 작은 마음에도 / 물수제비 던지기 / 낙동강에 물수제비를 던져라 / 분지 밖을 나온 바람 / 대구에 바람을 불어라 / 대구도 밟으면 꿈틀한다 / 꿈틀대구 / 우리가 만드는 내일 / 대단한 대구 / 잔디를 밟지 마시오 / 비정치회담 / 작은 마음이 모여 / 작은 날갯짓 / …

* 책자 제목 브레인스토밍

후일담 2.

나오신 분들을 찾습니다

 인터뷰집을 만들겠다고 했을 때, 가장 걱정했던 부분이 인터뷰이 섭외였다. 대체 누굴 섭외해야 하지? 시작은 우리들의 지인이었다. 지인에서 출발한 섭외는 지인의 지인으로 넓혀졌다. 지인의 지인의 지인… 그게 막힐 때면, 인터넷을 뒤져 냅다 메일과 DM을 보내기도 했다. [안녕하세요. 인터뷰 요청드립니다. :)] 상당히 고된 과정이었다.

 그렇게 성별, 나이, 직업 등 실로 다양한 인터뷰이들을 만났다. 섭외 이후의 과정은 마냥 즐거웠다. 특히 우리는 인터뷰 내내 고개를 자주 끄덕였던 것 같다. 같은 대구 시민으로서 '나도 그렇게 생각했었는데.' 공감하는 끄덕임과, 스스로를 돌아보게 만드는 답변들에 놀라운 끄덕임이 공존하는 시간이었다.

 인터뷰 후 돌아가는 길엔 발걸음이 참 가벼웠다. 끝났다는 후련함도 있겠지만, 무엇보다 **'나는 이런 사람들과 함께 살아가고 있구나.'**라는 생각이 들었기 때문이다. 우리가 만난 인터뷰이는 모두 대구에 살고 있는 사람들이다. 어쩌면 길을 가다 몇 번이나 서로를 지나쳤을지도 모른다. 이번 인터뷰를 통해 처음으로 그들의 이야기를 들을 수 있어서, 또 책으로 담을 수 있어 다행이라고 느낀다. "대구에도 이런 사람들이 있어요, 우리 주위에는 이런 이웃들이

두 번째 고민은 인터뷰이들의 다양성(성별, 직업, 연령대 등)을 어떻게 디자인으로 담아낼 수 있을지에 관한 것이었다.

여러 차례 회의 끝에 표지의 메인이 될 제목을 서로 다른 레터링으로 디자인하여 혼합하는 방식으로 구성하였다. 각 글자에 담고자 한 의미는 명확했다.

왜는 정당이나 시민단체, 사회단체에서 제작된 인쇄물에서 자주 목격할 수 있었던 기울어진 고딕체를 기반으로 하여, 불꽃에서 LED 조명의 응원봉으로 변화해온 민주시민들의 빛을 그래픽화 하여 결합해 제작되었다.

나는 문화예술과 밀접한 관련이 있는 두 인터뷰이의 이야기를 바탕으로 시작되었다. 문화를 통해 세상에 관심을 갖게 되고, 집회 시위를 **행동주의 예술**로 바라보려는 움직임은 세상을 새롭게 인식할 가능성을 제시해 주었으며, 그로 인해 '한 번 꼬아서 바라보기'가 이 글자의 디자인 키워드가 되었다.

왔은 이번 집회의 특징 중 하나였던 기성세대와 신세대의 만남,

그리고 신세대의 사회 참여를 상징한다. 기존에는 전문가나 어른들만 사용하는 것으로 여겨졌던 선언문, 투고글, 논평 등의 형식을 이제는 학생과 청소년들도 사회적 주체로서 활용하고 있음을 보여주기 위해 명조체를 변형하여 제작했다.

겠의 키워드는 미래였다. 자신들은 물론 후세대의 미래를 위해 주저 없이 거리로 나선 참여자들의 확고한 의지와 행동력을 표현했다.

노는 이번 집회에서 확인할 수 있었던 상징적 요소들을 조합해 디자인했다. 대표적인 상징이었던 응원봉, 각자가 자신을 주체로 주장할 수 있었던 여러 깃발, 그리고 부상과 폭력 없이 진행된 평화 집회의 대중들을 담아냈다.

이렇게 만들어진 5개의 레터링을 책 표지에 배치할 때 꼭 시켜야 할 점을 나름 설정하여 진행했다. 바로 **'모든 글자가 유별나게 튀기'**와 **'다채롭기'**였다. 다양한 글자와 색상들의 위계를 정해 조화롭게 만들기보단, 모두가 다채롭고 유별나게 튀었으면 했다. 그렇게 최대한 다양한 컬러를 사용하고, 배경의 집회 이미지를 완전히 덮지 않게 투과하면서 겹치도록 배치하여 표지 디자인을 완성했다.

『왜 나왔겠노?』는 매우 의미 있는 작업이었다. 이 책은 대구에서 탄핵찬성집회에 참여한 시민들의 목소리를 담았을 뿐 아니라, 민주항쟁의 역사가 깊은 대구에서 하나의 소중한 아카이브로 남을 수 있다는 점에서 특별한 의미가 있다.

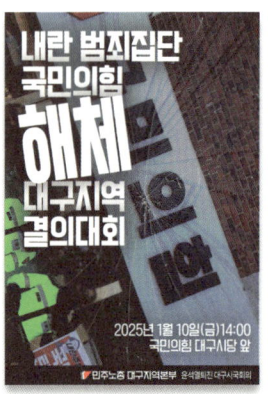

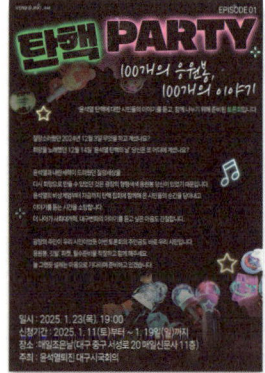

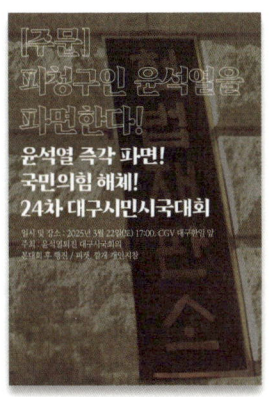
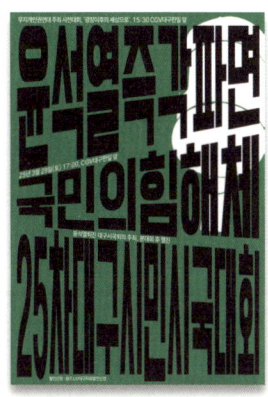

왜 나왔겠노?

대구 탄핵찬성집회 참여시민 인터뷰집

발행일	2025년 6월 20일
기획	아울러사회적협동조합
인터뷰이	상쾌한 까칠이, 속 터진 만두, 무표정한 까치, 쾌활한 책쟁이, 참지 않는 행콩이, 와구 집사, 범어동 피발바닥, 도비, 진갈치, 복숭아 탐정, 쓰지 않는 꽃병
인터뷰·편집	박성익, 홍희헌, 주지은, 허은채
디자인	김태욱
인쇄	케이비팩토리
ISBN	979-11-978844-8-1
값	15,000원
발행처	아울러사회적협동조합 대구광역시 북구 내현로3길 17-12, 1층 auler0401@gmail.com @aulercoop

이 책은 저작권법에 의해 보호받는 저작물이므로
무단 전재와 복제를 금합니다.

대구에는 **수많은 심장**이 뛰고 있다. 겉으로는 보수의 심장 하나만이 뛰고 있는 것처럼 보일지 몰라도, 그 속에는 다양한 생각과 의견이 공존하며 살아 숨 쉬고 있다.

부록

대구시민시국대회는 CGV 대구 한일극장 앞에서 비상계엄 선포 및 해제 바로 직후인 2024년 12월 4일부터 파면 선고일인 2025년 4월 4일까지 총 26회 진행된 대구에서 열린 대규모 탄핵찬성집회이다.

대구시민시국대회 아카이브

2024. 12. 04. ~ 2025. 04. 04.

포스터 출처·제공 : 윤석열퇴진 대구시국회의